W0190648

Sabine Andresen

Was unsere Kinder glücklich macht

Sabine Andresen

Was unsere Kinder glücklich macht

Lebenswelten von Kindern verstehen

KREUZ

Für Solveig

MIX
Papier aus verantwor-
tungsvollen Quellen
FSC® C106847

FSC
www.fsc.org

© KREUZ VERLAG
in der Verlag Herder GmbH, Freiburg im Breisgau 2012
Alle Rechte vorbehalten
www.kreuz-verlag.de

Umschlaggestaltung und Konzeption: Agentur R.M.E
Eschlbeck / Hanel / Gober
Umschlagmotiv: © Mauritius Images

Satz: de·te·pe, Aalen
Herstellung: fgb · freiburger graphische betriebe
www.fgb.de

Printed in Germany

ISBN 978-3-451-61056-1

Inhalt

Einleitung

Auf die Bitte, fünf Dinge zu nennen, die jedes Kind, egal wo es aufwächst, für ein gutes Leben braucht, zählt die sechsjährige Cora eine Banane, eine S-Bahn, ein Bett, ein Haus mit vielen Fenstern und eine Lampe auf. Denn, so erklärt uns Cora, wenn Kinder nachts aufstehen müssen, weil sie nicht schlafen können oder Angst haben, oder aber wenn sie ihr Kuscheltier suchen, »dann brauchen die auch Licht«. Der sechsjährige Ben zeichnet das für ein glückliches Kinderleben Unverzichtbare: Zunächst sehen wir eine Münze, denn »ein bisschen Geld braucht man, sonst kann man sich nix kaufen«, danach malt Ben ein Haus, »damit man irgendeine Wohnung hat, und es nicht irgendwo reinregnet«, wir sehen einen Teller auf dem Papier entstehen, und zwar mit Milchreis, Zimt und Zucker und ein Auto, »damit man nicht die ganze Strecke irgendwohin laufen muss«. Schließlich schreibt Ben seinen Namen auf, denn jedes Kind muss einen eigenen Namen haben: »Damit wir nicht alle heißen ›Namenloser‹. Wenn man ›Namenloser‹ sagt, dann denkt der Andere er ist's, und dabei ist es ein anderer.« (World Vision 2010, S. 250 f.)

Was Kinder glücklich macht und was sie sich für ein gutes Leben wünschen, das sollten wir auf jeden Fall die Kinder selbst fragen. Cora und Ben haben für Sechsjährige schon recht klare Vorstellungen davon, was gut für sie persönlich und für andere Kinder in der Nachbarschaft oder in anderen Teilen der Welt ist. Wir haben in unseren Befragungen die Erfahrung gemacht, dass Kinder sehr auskunftsfreudig sind und uns gerne von ihren Eindrücken berichten, ihre Werte erklären und uns an ihren praktischen ebenso wie an den zuweilen philosophischen Überlegungen teilhaben lassen.

Die Frage nach dem Glück ist besonders spannend und sie liegt Kindern auch am Herzen: Kinder wissen meist, dass die Grundbedürfnisse erfüllt sein müssen, aber es macht sie auch glücklich, wenn es nicht nur genug Mahlzeiten am Tag gibt, sondern das Essen auch noch gut schmeckt. Und selbstverständlich müssen Kinder immer etwas trinken können, wenn sie durstig sind, allerdings sollte das in ihren Augen nicht immer nur Wasser sein, eine Cola kann manchmal auch Glück bedeuten. Zu den Grundbedürfnissen zählen Kinder ebenfalls Kleidung und eine trockene und warme Unterkunft, ja, jedes Kind braucht ein »Dach über dem Kopf« und natürlich Spielzeug, damit einem nicht so langweilig ist. Unter dem »Dach über dem Kopf« wollen die Kinder mit Menschen leben, die sich um sie kümmern, sie lieben, mit ihnen lachen und die sie trösten. Das verdient in den Augen der Kinder die Bezeichnung »Zuhause« und ein solches Zuhause zu haben, das halten alle von uns befragten Kinder für unverzichtbar.

Eine glückliche Kindheit hängt maßgeblich von guten Beziehungen zu verantwortungsvollen, fürsorglichen, respektvollen, warmherzigen, humorvollen und aufrichtig an Kindern interessierten Erwachsenen ab. Der Kindheitsforscher Urie Bronfenbrenner hat dafür eine sehr plakative Formel gefunden: jedes Kind benötige mindestens einen Erwachsenen, der verrückt nach ihm sei. Alle Kinder würden dies vermutlich bestätigen, denn nichts ist für sie so zentral, wie uneingeschränkt wohlwollende Erwachsene, zuhause, aber auch im Kindergarten, in der Schule oder im Verein.

Doch zu den fünf unverzichtbaren Dingen eines guten Kinderlebens gehören für unsere Kinder auch ihre Freundinnen und Freunde. Kinder denken sofort an ihre beste Freundin, mit der sie fast jedes Geheimnis teilen, oder an den guten Freund, der immer zu einem Fußballspiel bereit ist. Wer darum bemüht ist, Kinder glücklich zu machen, sollte ihnen viele und gute Gelegenheiten geben, mit anderen Kindern zusammen zu treffen und Freundschaften zu schließen. Um Freundschaften zu pflegen, benötigen Kinder wie Erwachsene jedoch Zeit, und in unserer heutigen Welt scheint Zeit, zumal selbstbestimmte Zeit, ein knappes Gut zu sein. Die Bedeutung von Beziehungen zeigt sich übrigens auch in den Befunden der Kinderglücksstudie, die vom ZDF in Auftrag gegeben wurde (Bucher 2009).

Manche Kinder sind auch der Meinung, dass ein Handy unverzichtbar für ein glückliches Leben sei, es ermögliche ihnen schließlich Kommunikation. Mit einem eigenen Handy können sie sich selbstständig verabreden oder schnell nach der Lösung für die Mathehausaufgaben fragen. Eltern haben in diesem Punkt durchaus andere Vorstellungen, im Übrigen auch, was den Medienkonsum ihrer Kinder angeht: Kinder wünschen sich meist gerne etwas mehr Zeit am Fernseher und Computer und möchten sich dabei nicht kontrollieren lassen. Dies ist ein ganz normales Beispiel aus dem Alltag vieler Familien und es führt uns vor Augen, dass sich die Vorstellungen unserer Kinder nicht in jedem Punkt mit denen ihrer Mütter und Väter decken können. Eltern müssen in der Erziehung oftmals andere Meinungen vertreten und auch durchsetzen. Aber etwas mit guten Gründen zu verbieten oder zu kontrollieren ist nur ein Teil der Erziehung, ein anderer Aspekt hingegen ist, die guten Gründe auch zu kommunizieren und den Kindern zu erklären. Manchmal hilft es vielleicht, sich daran zu erinnern, dass wir Erwachsenen uns in diesem Punkt kaum von Kindern unterscheiden:

Auch wir möchten wissen, warum uns etwas versagt wird, auch wir wollen die Gründe kennen, auf deren Basis andere in unseren Alltag eingreifen. Nicht anders ergeht es den Kindern. Sie sind empfänglich für die Begründung unserer Handlungen, unserer Regeln und Einstellungen. Vermutlich werden sie sich dennoch ab und zu darüber ärgern, wenn ihr Medienkonsum kontrolliert wird, aber das gehört zum Zusammenleben.

Dieses Buch widmet sich der Frage, was unsere Kinder glücklich macht, und es erkundet die Lebenswelten von heutigen Kindern. Dabei geht es auch auf die Suche nach den Einflüssen, die gerade soziale Unterschiede in den Lebenswelten auf das Glück von Kindern haben. Damit verbunden soll dargelegt werden, was wir eigentlich über gute Rahmenbedingungen eines heutigen Kinderlebens wissen. Jedes Kind ist anders, und jedes Kind will als einzigartig anerkannt werden. Ben hat diese Tatsache ja sehr deutlich benannt, indem er fordert, dass jedes Kind einen eigenen Namen braucht. Eltern werden dies mühelos bestätigen können: Jedes Kind ist etwas Besonderes.

Kann man angesichts dessen dann überhaupt zu allgemeinen Aussagen über das Glück unserer Kinder kommen, und lassen sich allgemeine Rahmenbedingungen identifizieren? Ich denke ja, wir können eine ganze Reihe allgemeiner und übergreifender Befunde nennen, die beleuchten, unter welchen Bedingungen Kinder die Möglichkeit haben, all ihre Begabungen zu entfalten. Wichtig sind die sozialen Bedingungen, unter denen Erwachsene mit Kindern den Alltag gestalten. Dazu gehört zuerst die Gestaltung unserer Gesellschaft als familien- und kinderfreundliche Kultur, und da haben wir sicherlich Nachholbedarf. Für Mütter und Väter wünscht man sich die Möglichkeit, berufliche Pausen einlegen und darauf vertrauen zu können, durch die Betreuung ihrer Kinder keinen Karrierebruch zu erleiden und wieder in den Beruf einsteigen zu können. Eine Balance zwischen Familien- und Erwerbsleben ist auch aus der Sicht von Kindern zentral, und damit darf man Familien nicht allein lassen. Eine solche Balance bedarf familienfreundlicher Arbeitszeiten, guter Wiedereinstiegsmöglichkeiten in den Beruf besonders für die Mütter, es bedarf einer ausreichenden Entlohnung und eines ausreichenden und qualitativ hochwertigen Betreuungsangebots. Hier sind demnach Politik und Wirtschaft in der Verantwortung und sie müssen sich fragen lassen, ob sie genug und das Richtige für Familien tun. Kinder glücklich machen zu wollen, ist sicherlich das Herzensanliegen ihrer Eltern, aber es ist keine Aufgabe, die allein im Privaten zu bewältigen ist. Alle Bereiche des öffentlichen Lebens sollten sich angesprochen fühlen.

Solche Befunde, Einschätzungen und Überlegungen zu den Bedingungen des Aufwachsens unserer Kinder sind Gegenstand dieses Buches.

Glücklich zu sein verstehe ich als eine Möglichkeit des Kindes, seine Fähigkeiten und Begabungen ausbilden und sich verwirklichen zu können. Glücklich kann ein Kind sein, wenn es ein Umfeld hat, in dem Freiheiten und Fürsorge sich in einer guten Balance befinden. Kinder wollen zwischen echten Optionen wählen, sie wollen in Entscheidungen eingebunden sein, sie wollen aktiv handeln können, womit nicht gemeint ist, ihnen zu viel Verantwortung aufzubürden.

Aber keine noch so gute Erziehung, keine noch so gelungene Teilhabe kann garantieren, dass Kinder glücklich werden und es als Erwachsene auch bleiben. Auch trifft das Sprichwort »jeder ist seines Glückes Schmied« auf Kinder nicht zu, weil sie prinzipiell von Menschen und Bedingungen abhängig sind. Dennoch müssen wir davon ausgehen, dass Glück und Glücksempfinden stets sehr subjektiv erlebt werden. Das Buch wird folglich keine

Rezepte enthalten, wie Mütter und Väter, Großeltern, Erzieherinnen oder Lehrer, Politiker oder Finanzexperten, Filmemacher oder Literaten Kinder glücklich machen können. Aber in den einzelnen Abschnitten wird herausgearbeitet, worin wir das Potenzial für ein glückliches Aufwachsen sehen können und wer welchen Anteil an einem glücklichen Aufwachsen hat.

Um Glücksempfindungen in der Kindheit zu erkennen und einschätzen zu können, wird immer wieder auf die Aussagen und Meinungen von Kindern selbst zurückgegriffen. Das Spannende gerade an ihren Sichtweisen ist ihre Verschränkung von ganz konkreten Ideen mit abstrakten Idealen: So verbinden sich dann bei der Frage nach dem Glück in den Köpfen unserer Kinder der Teller voll Milchreis, Zucker und Zimt mit der Bedeutung des Rufnamens, der die Anerkennung ihrer Einzigartigkeit und Unverwechselbarkeit garantiert.

Das Buch ist in zehn Kapitel unterteilt und in jedem Kapitel sind einzelne Aussagen kursiv hervorgehoben, weil sie einen besonderen Erklärungswert für ein glückliches Aufwachsen haben. Im ersten Kapitel soll die Lebenswelt von heutigen Kindern entfaltet werden und dafür greife ich, wie in den folgenden Kapiteln auch auf wissenschaftliche Befunde, literarische Zeugnisse und auf Beobachtungen zurück. Das zweite und dritte Kapitel befassen sich mit der Verletzlichkeit von Kindern und ihrem Recht auf eine gewaltfreie Erziehung. Diese gehört zu den unverzichtbaren Ansprüchen von Kindern, denn Gewalt zu erfahren, stellt eine extreme Beeinträchtigung dar. In Kapitel vier, fünf und sechs geht es um die konstruktiven Aspekte des Aufwachsens und ihr Potenzial für ein glückliches Kinderleben. Diskutiert werden das Verhältnis von Fürsorge und Freiheit, die große Bedeutung von guten Beziehungen und Bindungen und die Bedingungen der Welterkundung und des Lernens. Spielten in diesen

Abschnitten die Erwachsenen eine zentrale Rolle für ein glückliches Aufwachsen, sind es im siebten Kapitel die Gleichaltrigen und vor allem die Freundinnen und Freunde unserer Kinder.

In den Kapiteln acht und neun widme ich mich derjenigen Institution, in der unsere Kinder viele Stunden ihrer Kindheit verbringen und der sie sehr viel Zeit widmen dürfen und müssen: der Schule. Dabei konzentriert sich die Abhandlung aber besonders auf den Schulbeginn und darauf, was alles mit ihm verbunden ist. Das letzte Kapitel richtet das Augenmerk auf diejenigen, die sozial eher im Schatten unserer Aufmerksamkeit stehen und die sehr oft ihr Potenzial nicht entfalten können: Kinder in Armut.

Wenn wir heute wissen wollen, wie Kinder glücklich sein und werden können, so sollten wir diese Frage für alle Kinder stellen, unabhängig davon, ob ihre Familien die Mittel haben, Kinder glücklich zu machen. Denn das Glück, in einer starken und liebevollen Familie zu leben und genügend Geld zur Verfügung zu haben, um die individuellen Interessen ausleben zu können, dieses Glück ist ungleich verteilt. Aber dieses Glück spielt für den weiteren Werdegang unserer Kinder eine enorm wichtige Rolle, weshalb wir fragen müssen, wie Familien besser unterstützt werden können. Für manche Kinder ist ihre Kindheit ein besonders hartes Schicksal, aus dem sie sich nicht selbst befreien können. Darum sind alle aufgefordert, sich nicht nur für die eigenen Kinder zu interessieren, sondern sich auch in der Verantwortung für alle Kinder zu sehen.

Vermutlich benötigen in unserer heutigen komplexen Gesellschaft alle Mütter und Väter irgendwann die Hilfe von anderen, sie wollen beraten werden oder wünschen sich den Austausch mit anderen Eltern oder mit Fachkräften. Es entstehen immer wieder Fragen: Ab wann soll ein Kind durchschlafen, wie verhält man sich, wenn das Kind lügt, wie helfe ich meinem Kind, wenn es in der Schule gemobbt wird, welche Ausbildung passt zu meinem Sohn, was bedeuten Bachelor und Master? Oft wissen Eltern intuitiv, was richtig ist und sie handeln klug und besonnen. Aber wer kann schon von sich behaupten, nie in Schwierigkeiten zu kommen, sich nie unsicher zu fühlen, nie verzagt zu sein? Wer glaubt schon, in der Erziehung der eigenen Kinder immer alles richtig zu machen oder alles an seinem Kind zu verstehen? Vielleicht regt das Buch auch zu einem Austausch über diese Seiten unseres Lebens mit Kindern an. Wichtig ist, dass Eltern nicht stigmatisiert werden, wenn sie in bestimmten Situationen nicht weiter wissen. Stigmatisierung und Beschämung der Eltern verhindert ohne Zweifel ein glückliches Aufwachsen der Kinder.

Ich möchte mit diesem Buch für die Stärken von Kindern sensibilisieren, aber auch ihre Verletzlichkeit ins Bewusstsein rufen. Viele Erwachsene sind sehr bemüht, den Bedürfnissen der Kinder gerecht zu werden, und alle Mütter und Väter möchte ich ermuntern, sich davon nicht abbringen zu lassen. Kinder wollen nicht anders als Erwachsene mit Respekt behandelt werden, sie reagieren wie wir Älteren empfindlich auf jede Kränkung, aber sie finden es ebenso langweilig oder werten es als Zeichen von Desinteresse, wenn man sich nicht auch kritisch mit ihnen auseinander setzt. Je älter und wortgewaltiger Kinder werden, umso mehr interessieren sie sich auch für den Disput mit uns Erwachsenen. Kinder erwarten im Alltag nicht, dass Mutter oder Vater stets gut gelaunt sind oder jederzeit auf sie eingehen, sie können in der Regel die prinzipiell wertschätzende Haltung von einer situativen spontanen »Schimpftirade« gut unterscheiden. Die Mehrheit der Eltern hat folglich einen erheblichen Anteil daran, wenn es unseren Kindern gut geht. Daran sollten Mütter und Väter selbstbewusst denken, wenn in manchen medialen Debatten die Leistungen heutiger Familien hinterfragt werden.

Was dem Glück unserer Kinder häufig im Wege steht, ist

eine prinzipielle Missachtung ihrer Interessen. Hier gibt es in Kommunen, in Schulen, in Vereinen, Kindertagesstätten, im Straßenbau und nicht zuletzt angesichts der Folgen der Finanzkrise echten Handlungsbedarf. Alle sollten konsequent daran arbeiten, Kinder mehr und ernsthafter als bislang zu beteiligen, ihre Meinung anzuhören und sie in Entscheidungsprozesse einzubeziehen.

Ein Buch entsteht nie im Kopf der Autorin allein: Ich möchte mich deshalb bei meinem Lektor, Peter Raab, ausdrücklich bedanken. Herr Raab hat mich stets ermuntert, an dem Buch zu arbeiten und mich auf den für eine Wissenschaftlerin ungewohnten Schreibstil einzulassen. Unverzichtbar waren die kritische Lektüre und die wichtigen Überarbeitungshinweise von meinem Kollegen Dr. Michael Kirchner. Seine wertschätzende Art und die an seiner Forschung zu Janusz Korczak geschulte Haltung der Achtsamkeit begleiten meine Arbeit nun schon viele Jahre und sie sind mir sehr wertvoll. Ihm gilt mein ganz besonderer Dank!

Das Buch ist unserer Tochter gewidmet. Sie wird im Jahr seines Erscheinens volljährig.

Kapitel 1

Die Lebenswelten unserer Kinder.
Ihre Freude, ihr Glück, ihre Hoffnungen und Ängste

Hat Luca die Gelegenheit, so klettert er auf Mauern und balanciert auf Zäunen, er zieht sich am Laternenpfahl hoch und versucht mit der Schrittlänge eines Fünfjährigen die Hindernisse der städtischen Wohnstraße zu überwinden. Alles ist für Luca und seinen jüngeren Bruder Jean attraktiver, als den Gehweg zu benutzen. Dieser ist nur dann interessant für die Brüder, wenn er abschüssig ist und sich als Rennstrecke für wagemutige Bobby Car Rennen umdeuten lässt. Bobby Car Rennen, daran nehmen mit großer Begeisterung, aber immer unter der Aufsicht wachsamer Eltern, auch die anderen Kinder des Viertels teil. Die vierjährige Lina, den Fahrradhelm auf dem Kopf, schnappt sich ihr kleines rotes Fahrrad und fährt ohne Stützräder die leicht abschüssige Straße hinunter, sie ist mindestens so schnell wie die Jungen mit dem Bobby Car. Den Kleineren in dieser Runde sind diese schnellen Aktivitäten noch nicht möglich. So unternehmen Linas einjährige Schwester Lou gemeinsam mit der einjährigen Nuria und dem gleichaltrigen Alexander Gehversuche und sie wirken auch durch kleine Stürze nicht entmutigt. Immer wieder versuchen sie auf ihren Beinen zu stehen und voran zu kommen, manchmal ergreifen sie die hilfreiche Hand eines Erwachsenen. Lou, Nuria und Alexander konzentrieren sich scheinbar ohne einander zu beachten auf die nächste Strecke, das nächste Hindernis, klettern hartnäckig, mit aufmerksamer Miene,

Treppenstufen hoch, fallen hin, aber nur, um sich sofort wieder hochzuziehen. Manchmal könnte man den Eindruck haben, der Fahrtwind ihrer älteren Geschwister streift sie, vor allem wenn sie ihren Oberkörper zur Straße drehen, leicht wankend und mit erstaunten Augen die Aktivitäten der Großen betrachten.

Die beiden drei- und vierjährigen Freunde Karl und Leon interessieren sich hingegen nicht für das Wettrennen, sie befinden sich gerade in ihrer eigenen Welt und sind damit beschäftigt, einen Gartenschlauch abzurollen und die Düse zu untersuchen. Manchmal haben sie sich schon nass gespritzt, aber heute gibt es keine Wasserzufuhr. Zu sehen sind auch ältere Kinder, etwa der zwölfjährige Julius, der äußerst gekonnt mit seinem Skateboard akrobatische Kunststücke vorführt. Sein neunjähriger Bruder Matthias, ein großer Freund und Kenner der Tierwelt, hingegen hat sein Skatboard zur Seite gelegt, um den getigerten Quartierskater zu streicheln. Ihre Schwester, die fünfjährige Lara, hat ihr sprachliches Geschick in unzähligen Diskussionen mit den beiden älteren Brüdern ausgebildet, und mühelos überredet sie ihre Freundin Lina zu einem Spiel: Für die ältere Freundin unterbricht Lina sofort ihr Wettrennen, lehnt das kleine rote Fahrrad an das Bein ihrer Mutter und zieht sich mit Lara in einen der Gärten zurück.

Wenige Tage zuvor, an einem sonnigen Samstagvormittag, kam der sechsjährige Torben mit seinen festlich gekleideten Eltern und beiden Großelternpaaren die Straße hinunter, seine vierjährige Schwester Wiebke hüpfte vergnügt an der Hand ihrer Großmutter. Torben selbst lief mit schnellen Schritten der Gruppe voraus, mit beiden Händen trug er seine giftgrüne und gut gefüllte Schultüte mit einem Krokodilskopf vor sich her, Auge in Auge mit dem Krokodil und sicherlich voller Erwartung, was sich hinter seinem spitz zulaufenden Rachen an Überraschungen verbergen mochte. Der nagelneue blaue Ranzen tänzelte auf dem Rücken des Jungen und stellte noch keine Last dar. Torben war auf dem Weg zur Einschulungsfeier, aber nicht allein, denn seine ganze Familie begleitete ihn. Später wird er im papiernen oder digitalen Familienalbum den Tag noch einmal anhand der Bilder nacherleben können, vielleicht rahmt auch eine der Großmütter eine Fotografie ihres Enkels mit Schultüte und Ranzen ein und stellt es auf die Vitrine. Jedenfalls wird dieser Tag noch in Erinnerung bleiben, auch wenn die Erinnerung bei Torben selbst vermutlich bald überlagert sein wird von den unzähligen Schultagen, die seiner Einschulung folgen. Mit seinem gut gefüllten Krokodil in den Händen ahnt er vermutlich auch nichts von den gemischten Gefühlen, die Mütter und Väter an einem solchen Tag haben können. Denn jede Statuspassage bedeutet eine enorme Veränderung für die Lebenswelt ihres Kindes und entfernt es auch ein wenig von der Familie.

Erwachsene und ihre Vorstellungen von kindlichen Lebenswelten

Es gibt sie also noch, lebhafte, vergnügte, zuweilen zornige, auch traurige und nachdenkliche Kinder. Manchmal scheint das in Vergessenheit zu geraten, wenn etwa der demografische Wandel und Deutschlands Kinderarmut beklagt werden oder die Überalterung der Gesellschaft in Talk-Shows als bedrohliche Kulisse erscheint. Manche Erwachsene nehmen außerdem die Existenz von Kindern gar nicht wahr und sie interessieren sich auch nur wenig dafür. Dies kann besonders auf diejenigen zutreffen, die in ihrem Alltag nichts oder wenig mit Kindern zu tun haben, weil sie selbst nie Eltern wurden, keine Enkel haben oder auch beruflich keinen Kontakt zu Kindern bekommen.

Wer aber selbst Mutter oder Vater ist, Großmutter oder Großvater, erlebt Kinder im Alltag und bekommt mit, was sie heute treiben. Neben dem demografischen Trend des Geburtenrückgangs müssen wir nämlich auch in Rechnung stellen, dass die Menschen durchschnittlich deutlich älter werden und viele ältere Menschen nach ihrer Berufsphase noch über sehr viel Energie und Ressourcen verfügen und dies gern ihren Enkeln zur Verfügung stellen. Im Durchschnitt haben Enkel und Großeltern eine gemeinsame Zeit von 30 Jahren, und die Mehrheit der Kinder hat wenigstens einen Großelternteil. Die Münchner Familienforscherin Sabine Walper hat errechnet, dass 8,5 Prozent der Fünf- und Sechsjährigen und 9,3 Prozent der Acht- und Neunjährigen keine Großeltern haben (Walper 2010).

Die meisten Kinder berichten über einen sehr regelmäßigen Kontakt insbesondere zu den Großmüttern, die sich vielfach auch in der Betreuung engagieren. Oft ist es in den Familien so, dass die Großeltern nicht weit entfernt und im selben Ort wie mindestens ein Enkelkind leben. Auch Lina, Luca und Karl sehen ihre Großmütter und -väter regelmäßig, manche täglich, und meistens genießen beide, Großeltern und Enkel, die gemeinsam verbrachte Zeit. Die Älteren genießen es meist, ihre Enkel nicht erziehen, gar bestrafen zu müssen. Für sie ist es entlastend, dass sie nicht die Verantwortung haben, sondern die Enkel verwöhnen können. Und wie wunderbar ist es für ein Kind, mit liebevollen Großeltern, die mehr Zeit haben als die Eltern, etwas Schönes zu unternehmen, vorgelesen zu bekommen, am Wochenende bei der Oma zu übernachten und sich verwöhnen zu lassen. Nicht zu unterschätzen sind für Kinder auch die materiellen Mittel, über die die ältere Generation verfügt, und mancher Musikunterricht oder die Schulabschlussfahrt könnte ohne die finanzielle Unterstützung der Großeltern nicht realisiert werden. Viele Kinder, die wir im Rahmen unserer World Vision Kinderstudien von 2007 und 2010 befragt haben, erhielten regelmäßig Geld von ihren Großeltern.

Um es an dieser Stelle etwas plakativ auszudrücken, wir haben in unserer Gesellschaft zwei Gruppierungen unter den Erwachsenen: die Erwachsenen mit Kinderkontakt und die Erwachsenen ohne Kinderkontakt. Möglicherweise muss man sich über die unterschiedlichen Lebenswelten dieser beiden Gruppierungen künftig mehr Gedanken machen, denn die Erfahrungen werden sich erheblich unterscheiden. Dies stellen alle diejenigen fest, die zum ersten Mal Mutter oder Vater werden, denn von einem Tag auf den anderen können sich die Möglichkeiten im Beruf und in der Freizeit drastisch verändern. Kinder kosten Geld und verlangen eine andere Urlaubsplanung, Kinder sind mit den kollegial freundschaftlichen Zusammenkünften nach Feierabend meist schwer zu vereinbaren und man kann mit ihnen auch nicht gleich Extremsport betreiben. Mit Kindern zu leben bedeutet also in der Regel, auch erhebliche Einschränkungen der Selbstbestimmung hinnehmen zu müssen. Diese Erfahrung machen vermutlich alle jungen Eltern, und nicht immer trösten die schönen Stunden, die beglückenden Gefühle, ein Kind zu haben, über diesen Verzicht hinweg.

Auf jeden Fall stellen sich ausgehend von getrennten Alltagswelten verschiedene Fragen hinsichtlich unserer Lebenswelten, etwa wie die Interessen der jungen Generation angemessen vertreten werden können, oder ob sich bei knappen Ressourcen Kommunen eher für Spielflächen einsetzen oder das Angebot der Senioren Card ausbauen. Diese Entwicklungen machen es erforderlich, über Gerechtigkeit zwischen den Generationen zu diskutieren, und endlich auch Kinder und Jugendliche anzuhören und zu beteiligen. Gerade Kinder und Jugendliche sind mehrheitlich sehr empfänglich für die Bedürfnisse der älteren Generation, denn viele erleben ihre Großeltern als wichtigen Teil ihres Lebens und sie ziehen ausgehend von diesen persönlichen Erfahrungen durchaus allgemeine Rückschlüsse.

Betrachtet man die vorliegenden empirischen Befunde, wird eines sehr deutlich: In der Lebenswelt der Kinder gibt es den in den Medien geführten Konflikt der Generationen angesichts knapper Ressourcen, des demografischen Wandels und der Steigerung der Lebenserwartung nicht.

Dieser Befund ist typisch für aufgeregte mediale Debatten. Wie oft werden der Niedergang der Familie, der allgemeine Verfall von Werten in der jungen Generation, die unüberwindbaren Grenzen zwischen Alt und Jung beklagt, und wenn man die Realität betrachtet, wird deutlich: Diese Verfallsgeschichten haben oft nur sehr wenig mit den konkreten Erfahrungen und Lebenswelten der Kinder und der mit ihnen lebenden Erwachsenen gemeinsam. Es lohnt sich also, genauer hinzusehen und vor allem Kinder und Jugendliche selbst zu fragen.

Das Leben der Kinder mit ihren Eltern und Großeltern läuft keineswegs immer harmonisch ab, aber insgesamt nehmen Kinder die ältere Generation positiv wahr. Nachdenken sollten wir aber darüber, welche Formen der Begegnung zwischen den Generationen außerhalb der Familie möglich und sinnvoll sind. Beschränkt man sich auf das Adventssingen des Kinderchores im kirchlichen Pflegeheim? Und: Akzeptieren wir, dass nicht alle älteren Menschen daran Gefallen finden? Verpflichtet man Vierzehnjährige zu einem Sozialpraktikum in einem Seniorenheim, in dem sie den Bewohnerinnen und Bewohnern etwas vorsingen, ihnen beim Essen helfen oder den Rollstuhl in den Garten schieben? Solche Projekte basieren auch auf der Idee, Verständnis füreinander zu schaffen, aber die Jugendlichen sollen durch diese Erfahrungen auch etwas lernen, erkennen, wie hilflos man sein kann und wie wichtig es ist, sich sozial zu engagieren. Viele Schulen integrieren solche Praktika, und deshalb wissen sowohl die älteren als auch die jüngeren Beteiligten davon zu berichten. Dabei zeigt sich, dass das soziale Miteinander keineswegs reibungslos abläuft: Manche Ältere erzählen etwa leicht verärgert, dass die Schülerinnen zu leise und nicht flüssig genug vorlesen. Der Praktikant berichtet von der griesgrämigen Dame im Rollstuhl, vor der er eigentlich Angst hat. Manchmal aber können solche Begegnungen vergnüglich sein und die jeweils andere Lebenswelt erschließen helfen, etwa wenn die Praktikantin aufgefordert wird, die Musik vorzuspielen, die gerade bei den jungen Leuten en vogue ist. Und da bekommen die Senioren manchen Song zu hören, den sie ohne diesen Kontakt nie zur Kenntnis genommen hätten. Es braucht also durchaus Gelegenheiten der Begegnung und des Austauschs, aber man darf sicherlich nicht die Erwartung haben, dies könne alle zufrieden stellen.

Woher bekommen Erwachsene überhaupt eine Vorstellung von den Lebenswelten der Kinder? Durch eigene Erinnerungen und durch gemeinsame Erfahrungen, beides ist wichtig, und Erinnerungen an die eigene Kindheit und Jugend haben unterschiedlich ausgeprägt alle Erwachsenen. Manchmal neigt man im Rückblick dazu, die eigene Kindheit zu verklären und sie im Vergleich zur heutigen Kinderwelt zu idealisieren. Dazu trägt durchaus auch die Literatur bei.

Manche Mütter und Väter denken heute vielleicht sehnsüchtig an die heile Welt von Astrid Lindgren, insbesondere wie sie in den »Kindern von Bullerbü« gezeichnet ist. Dabei wird man der schwedischen Kinderbuchautorin und Nobelpreisträgerin für Literatur nicht gerecht, in ihr nur die Repräsentantin der schönen Kindheit zu sehen. Im Gegenteil: Neben den verzaubernden Bildern einer naturverbundenen Kinderzeit, inmitten einer fröhlichen Kindergruppe, hat Lindgren es stets verstanden, auch die dunklen Seiten kindlicher Lebenswelten zu zeigen. So etwa in der Geschichte von Lisabet, die unbemerkt auf die Schlittenkufen eines groben Trunkenboldes steigt, von diesem erst im Wald entdeckt und dort dann einfach allein zurückgelassen wird. Welche Angst überkommt das kleine Mädchen, dessen große Schwester Madita zuhause krank im Bett liegt, und welcher Schreck überfällt die Eltern und das Kindermädchen, als sie bemerken, dass Lisabet verschwunden ist.

Zum Glück findet dieses unfreiwillige Abenteuer doch noch ein gutes Ende, und die beiden Schwestern schlafen eng beieinander ein. In der Bilderbuchversion mit den Illustrationen von Ilon Wikland heißt es am Ende von »Guck mal, Madita, es schneit!«, nachdem die Eltern von der vergeblichen Suche heimgekehrt waren: »Sie sind so verzweifelt, daß sie nicht einmal weinen können. Aber Mama und Papa gehen nach oben ins Kinderzimmer, um Madita gute Nacht zu sagen. Und in Maditas Bett finden sie zwei kleine Mädchen, die dicht beieinander liegen und schlafen. Fast sehen sie aus wie Engel. Mama und Papa stehen still da und schauen sie an. Sie halten sich an den Händen, und Tränen rollen über ihre Wangen. ›Gott sei Dank‹, flüstert Mama. ›Gott sei Dank!‹ Denn ganz gewiß ist es ein großer Unterschied, ob zwei Kinder da sind oder nur eins.« (Lindgren 1994)

Eltern in der Lebenswelt von Kindern

Fürsorgliche und zuweilen sehr besorgte Eltern sind für viele Kinder ein fester Bestandteil ihrer Lebenswelt. Luca, Leon, Lara oder Wiebke haben Mutter und Vater, die sich um sie kümmern, sich um sie sorgen, ihnen etwas zeigen oder erklären, von denen sie hören, was richtig und falsch ist, die sie maßregeln oder ermahnen. Eltern haben die Aufgabe und die gesetzlich festgeschriebene Pflicht, ihre Kinder zu erziehen. Die Mehrheit der Eltern kommt dieser Pflicht nach, auch wenn vielfach, etwa aus dem Kindergarten und der Schule die Klage zu hören ist, in den Familien fände Erziehung nicht mehr statt, oder in den Medien zu lesen ist, Eltern erziehen entweder gar nicht mehr oder aber falsch.

Dieser Eindruck täuscht wieder einmal, denn nach wie vor findet Erziehung in der Familie statt. Die Anforderungen an Erziehung und Elternschaft sind jedoch im Vergleich etwa zur Zeit der jungen Bundesrepublik gestiegen oder anders ausgedrückt, das Bewusstsein von Eltern für die Bedeutung ihrer Erziehung ist mittlerweile sehr hoch. Das ist eine sehr bemerkenswerte und positive Entwicklung, die ihren Preis hat: Mütter und Väter fühlen sich unter Druck, haben Versagensängste und lassen sich durchaus verunsichern. Auch für Kinder bedeutet die Bereitschaft der Eltern, Zeit in Erziehung zu investieren und ihr viel Bedeutung beizumessen, etwas sehr Unterschiedliches. Der Ehrgeiz einer Mutter, ihr Kind an möglichst vielen Bildungsangeboten teilnehmen zu lassen, kann zu Belastungen führen, wenn keine selbstbestimmte Zeit mehr bleibt. Der Leistungsdruck des Vaters kann mit dazu beitragen, dass das Kind Angst vor Klassenarbeiten hat. Um Missverständnissen vorzubeugen, selten gibt es nur eine einzige und immer genau identifizierbare Ursache für Probleme im Umgang mit Kindern. Dennoch kann es manchmal nötig sein, von dem Abstand zu nehmen, was wir vielleicht gut meinen und wofür wir auch gute Gründe haben, was aber auf dieses eine Kind einfach nicht passen will.

Viele Mütter und Väter kennen Befunde aus der Hirnforschung und wollen die Entwicklung ihres Kindes so gut wie möglich fördern. Allgemein gesprochen, ist frühes Musizieren sicher gut für die Entwicklung, manches spricht dafür, dass dadurch zum Beispiel mathematisches Denken gefördert wird. Vielleicht finden Mutter und Vater gerade diese Forschungsbefunde überzeugend und versuchen durch Singen ihre Kinder für das häusliche Musizieren zu begeistern. Es kann aber sein, dass Marie oder Dennis die Befunde der Hirnforschung egal sind, weil sie mit ihren fünf Jahren einfach keine Freude am Suzukikurs der örtlichen Musikschule haben. Es ist demnach wichtig, immer auch die Individualität des Kindes zu berücksichtigen, und wenn es seinen Unwillen ausdrückt, nicht von Faulheit oder Trotz auszugehen. Es könnte ja für Dennis zu früh sein und für Marie das falsche Instrument. Wir benötigen die allgemeinen Erkenntnisse über Lernen und Entwicklung und wir müssen mehr darüber wissen, wie man Lernumgebungen sehr gut gestaltet, aber all das darf nicht darüber hinweg täuschen, dass Kinder verschieden sind. *Jedes Kind ist anders und das ist es, was Erziehung auch zu einer Herausforderung macht, denn Mütter und Väter kommen selten umhin, sich selbst zu korrigieren, zu verzeihen, wieder von vorne anzufangen, inne zu halten, und man mag ihnen wünschen, dass sie möglichst gelassen bleiben.*

Auch in diesem Punkt gilt es also, sehr genau hinzuschauen: Oft lesen wir über Eltern, sie würden ihren Kindern keine oder zu viele Grenzen setzen, sie zu wenig fördern oder sie zu stark fordern, ihre eigenen Wünsche auf die Kinder übertragen oder ihnen jeden Wunsch von den Augen ablesen, wir lesen in Zeitungen von Umfragen, deren Ergebnisse Eltern einen hohen Bildungsehrgeiz unterstellen, und wir konnten in Privatsendern beobachten, wie eine »Super-Nanny« gewaltbereite, gleichgültige, überforderte, sprachlose Eltern abrichtete. Aber ungeachtet dieser öffentlichen Rede über Eltern sehen wir in verschiedenen Stadtteilen deutscher Städte, in prosperierenden Regionen eben doch jene Mütter und Väter ebenso wie Großmütter und -väter, die den Einjährigen gelassen die Hand reichen und ihnen die Nase putzen, die die Dreijährigen nach einem Sturz in den Arm nehmen und trösten, den Vierjährigen dabei behilflich sind, den Fahrradhelm aufzusetzen, den Fünfjährigen erklären, warum das Licht der Straßenlaterne abends an- und morgens ausgeht, oder die die Schulkinder spätestens vor dem Dunkelwerden fragen, ob alle Aufgaben erledigt sind, und die die Zehnjährigen daran erinnern, Klavier zu üben oder die Meerschweinchen zu füttern.

Die Lebenswelt der Kinder ist ungleich: In nahezu jeder deutschen Stadt gibt es Viertel oder Straßenzüge, in denen die soziale Tristesse dominiert und die Lebenswelt der Kinder ganz anders aussieht, als man es von einem wohlhabenden Land wie Deutschland erwarten würde. Nicht in dem Viertel von Lina, Torben, Luca und den anderen Kindern. Hier stehen Blumenkübel in den Hauseingängen, im Herbst sind die Fenster mit Papierdrachen beklebt und zu Halloween haben viele Kinder mit ihren Müttern einen Kürbis ausgehöhlt, auf den Gehwegen stehen die Kinderräder, auf der Straße parken teure Mittelklassewagen. Die Gegend ist relativ verkehrsberuhigt, die Wohnungen teuer, aber groß genug auch für Familien, nicht wenige haben Wohneigentum. Kinder, die etwa einen türkischen Migrationshintergrund haben, oder deren Eltern seit längerem arbeitslos sind, sucht man in diesem Viertel vergeblich. Denn die Mütter und Väter hier gehen nahezu ausnahmslos einer hoch qualifizierten Berufstätigkeit nach, die Mütter sind mehrheitlich in Teilzeit und übernehmen dem entsprechend einen größeren Teil der Balancierung zwischen Familien- und Erwerbsarbeit. Es kommt somit in Deutschland, selbst in einer überschaubaren, gut situierten Stadt ganz erheblich darauf an, wo Kinder groß werden.

Fragt man die Kinder selbst nach ihren Eltern und wie sie mit ihnen klar kommen, so stellen die meisten Mutter und Vater recht gute Zeugnisse aus. Die Zufriedenheit mit den Eltern und dem familiären Leben ist insgesamt hoch bei Kindern in Deutschland. Uns ist zudem in unseren Studien aufgefallen, wie viel Kinder von den äußeren Rahmenbedingungen, unter denen ihre Eltern handeln, angefangen von der Arbeitswelt bis zur Haushaltsführung, mitbekommen und auch dazu in der Lage sind, die elterlichen Leistungen zu sehen.

Welche der sozialen Rahmenbedingungen sind zentral für die Lebenswelt der Kinder? Lina, Torben, Luca und die anderen eingangs beschriebenen Kinder beispielsweise wohnen in einer deutschen Stadt, in der die Mehrheit der dort lebenden Familien ein ausreichendes Einkommen hat, in der die Erwachsenen sehr gut ausgebildet sind, das Kulturangebot auch für Familien anregend ist, und in der die kommunale Politik bereits früh auf familienfreundliche Angebote wie ausreichende Ganztagsplätze in Kindergärten und eine verlässliche Betreuung in der Grundschule geachtet hat. Das Angebot weiterführender Schulen ist breit, ebenso das außerschulische Vereinsleben in Sport, Musik und Kunst, die ärztliche Versorgung ist überdurchschnittlich und auch therapeutische Angebote für Kinder und Jugendliche sind erreichbar. Stadt und Region liegen in einem Bundesland, dem vom Bildungsatlas, den die Bertelsmann Stiftung im Herbst 2011 erstellt hat, seine hohe Qualität der Bildungs- und Lernangebote bescheinigt wird.

Doch auch in dieser Stadt mit 130 000 Einwohnern leben etwa 3000 Kinder in Armut, auch hier sind die Kosten der Kommune wie in vielen anderen Kommunen für Sozialleistungen in den letzten Jahren gestiegen. In dieser an sich gut situierten Stadt berichten Ehrenamtliche der Bahnhofsmission, dass junge Eltern mit kleinen Kindern oder auch mittellose Jugendliche Hilfe bei ihnen suchen würden. Auch hier sind also Familien auf Hilfe angewiesen, damit ihr Kind am Tag der Einschulung wie Torben einen eigenen Ranzen und eine Schultüte hat. Dafür sorgen oft ehrenamtlich tätige Erwachsene, die Spenden sammeln, Basare organisieren und den Kontakt zu den Familien aufnehmen.

Ungleiche Lebenswelten und wie Kinder sie wahrnehmen

Selim geht gerne nach der Schule in die Hortbetreuung, dort erledigt sie zügig ihre Aufgaben und rennt danach auf dem großen Spielplatz der Einrichtung herum. Es sieht so aus, als ob sie jeden Quadratmeter so gut wie möglich nutzt, denn sie läuft an den Grenzen des gesamten Geländes entlang. Mit aufmerksamen Augen verfolgt sie zwischendurch den Tanz, den eine Erzieherin mit einer Gruppe von Kindern auf der Wiese einstudiert, darunter auch Selims jüngerer Bruder. Beide werden gegen 17 Uhr von ihrer Mutter abgeholt, und gemeinsam gehen sie nach Hause. Selim und ihr Bruder haben ein Zuhause, das für die vierköpfige Familie aus 50 Quadratmetern besteht.

Nuria springt plötzlich auf und schreit die vier Mädchen, mit denen sie zuvor auf dem Teppich gesessen und gebaut hat, laut an. Sie setzt sich an einen Gruppentisch, stützt ihren Kopf in beide Hände und starrt vor sich hin. Eine Erzieherin spricht sie an und überredet sie, ihr zu folgen. Nuria hat während des Spiels vergessen, auf die Toilette zu gehen und nun ist alles nass. Die Erzieherin nimmt das Kind ruhig mit ins Bad und hilft ihm warmherzig in die frischen Kleider.

Der achtjährige Mohamed geht frühmorgens gezielt von der Wohnung, in der er mit seiner Mutter und den zwei jüngeren Geschwistern und einem älteren Cousin wohnt, in die nahegelegene Schule. Dort bieten Ehrenamtliche jeden Morgen vor Schulbeginn ein Frühstück an, und Mohamed lässt sich ein Marmeladenbrot und eine Tasse Tee geben. In dieser Frühstücksrunde trifft er auch seine Cousine Halal. Nach Schulschluss geht Mohamed nicht nach Hause, sondern zum Mittagessen in eine sozialpädagogische Einrichtung, die nur wenige hundert Meter von der Schule entfernt liegt und in der er neben den Mahlzeiten Unterstützung bei den Hausaufgaben bekommt und mit anderen Kindern »rumhängen« oder spielen kann. Nach dem Abendessen macht er sich auf den Weg nach Hause. Meist hat am Nachmittag seine Mutter schon vorbei geschaut, zusammen mit den jüngeren Geschwistern, und sich nach Mohamed erkundigt. Das schafft die Mutter von Jasim, die ebenfalls gleich nach der Schule in die Einrichtung geht, nicht, denn sie arbeitet in einem Kiosk in der Nähe des Hauptbahnhofs. Das ist ein Job, der ihr kaum Zeit für ihre Tochter lässt, aber der auch den Lebensunterhalt nicht sichert. Jasims Mutter gehört zu denjenigen, die arm sind, trotz Arbeit. Das hat zur Folge, dass sie wenig Zeit hat für ihre Tochter und zugleich ständig genau rechnen muss, was sich die Familie in diesem Monat noch leisten kann. Für die Lebenswelt von Jasmin stellt das eine enorme Belastung dar, und aus ihrer Sicht wäre der Mindestlohn längst eingeführt. *Kinder wissen meist sehr genau, wie wichtig Arbeit in unserer Gesellschaft ist und welche konkrete Bedeutung die Entlohnung hat.* Wenn die Mutter den ganzen Tag arbeitet und das Geld dennoch nicht für ein Auskommen der Familie reicht, ist das für Kinder jedenfalls kaum nachzuvollziehen.

Nein, Jasim oder Mohamed sind keine Kinder aus den Romanen von Charles Dickens, etwa aus »Oliver Twist«, sondern Kinder, die heute wie Selim in einer winzig kleinen Wohnung leben, oder deren Mütter zwar erwerbstätig sind, aber die Familie dennoch nicht ernähren können. Der Alltag von Halal, Mohamed und Jasmin unterscheidet sich ganz erheblich von der Welt, in der Lina oder Torben aufwachsen, denn Mohamed hat kein eigenes Fahrrad, geschweige denn einen Schutzhelm, und Selim bekam ihren Schulranzen vom Ortsverband des Kinderschutzbundes, ebenso wie die Schultüte, die von den Erzieherinnen für Selim organisiert wurde und in der Stifte, ein Federmäppchen, eine Proviantdose und ein paar Süßigkeiten waren. Und was machen die Eltern?

Wenn Selims Mutter ihre beiden Kinder um 17 Uhr abholt, ist sie oft müde. Sie hat eine lange und entbehrungsreiche Migrationsgeschichte hinter sich, und diese Erfahrungen haben sie ermattet. Selims Mutter hat außerdem wenig Kontakt zu anderen Frauen. In den ersten Monaten war sie sehr zurückhaltend und wechselte kaum ein Wort mit den Erzieherinnen, inzwischen erzählt sie ihren Kindern und anderen Müttern, was sie für den Abend in der kleinen Kochecke der 50 Quadratmeter Wohnung gekocht hat. Seit einigen Wochen bleibt sie auch morgens, nachdem ihr Sohn mit den übrigen Kindern in der Kitagruppe verschwunden ist, noch eine halbe Stunde in der Kita. Die Erzieherinnen dort hatten eine gute Idee, die sich einfach umsetzen ließ. Sie haben im Eingangsbereich zwei Tische aufgestellt, bunte Tischtücher, Tassen und Kannen mit Tee und Kaffee wirken einladend. Dort können nun Mütter, denn meist sind sie es, die ihre Kinder bringen, sich aufhalten, mit anderen Frauen am Tisch sitzen und sich unterhalten. Ein solches Angebot nennt man niedrigschwellig, weil es nichts von den Müttern verlangt, keine Erwartungen, die sie überfordern könnten, werden formuliert. Stattdessen geht es den Erzieherinnen darum, den Müttern ein Gefühl, willkommen zu sein, zu vermitteln und Vertrauen zu schaffen.

Wenn Mütter und Väter sich respektiert und willkommen fühlen und es der Kita oder auch der Schule gelingt, das Vertrauen der Eltern zu gewinnen, so sind das wichtige Schritte, die zum Glück eines Kindes beitragen. Zwar können zwei Tische im Eingangsbereich nicht die psychischen Probleme von Selims Mutter lösen, aber es ist ein Element, das ihr dabei helfen könnte, die nach ihrer Einreise lang andauernde soziale Isolation zu überwinden. Hier an dem bunten Tischtuch, mit einer Tasse Tee vor sich, kann sie unkompliziert Bekanntschaften schließen, sich mit anderen Müttern unterhalten. Und vielleicht wird sie sich nun häufiger bei konkreten Fragen an eine Erzieherin wenden oder aber aufgeschlossen sein, wenn es um ein Beratungsgespräch über ihre Kinder geht. An Selim, ihrem kleinen Bruder und der Mutter mit ihren gesundheitlichen Problemen und den Schwierigkeiten, sich im deutschen Alltag zu organisieren, lässt sich beispielhaft zeigen, welche große Bedeutung den Fachkräften in den pädagogischen Einrichtungen zukommt, und wie wichtig für die Kinder und die Mütter insbesondere in schwierigen Lebenslagen eine respektvolle und zugewandte Willkommenskultur ist.

Über den Vater von Mohamed ist wenig bekannt, er selbst aber erzählt, dass ihn irgendwann sein Vater besuchen kommt und dass er ein großes Auto fährt. Mohamed fühlt sich für seine Mutter und die jüngeren Geschwister teilweise verantwortlich, seinen einjährigen Bruder nimmt er sofort auf den Arm, wenn er in die sozialpädagogische Einrichtung kommt, und er fragt die dortigen Erzieherinnen, ob sie seiner Mutter nicht einen Job vermitteln könnten. Jasmin begleitet ihre Mutter an den Wochenenden in den Kiosk, sie hilft ihr gerne und freut sich, in ihrer Nähe zu sein. Jasmin sortiert die Tageszeitungen und Magazine und weiß auch, wie man die Brötchen am besten aufschneidet, damit ein heißes Würstchen darin Platz hat. Manchmal hockt sie auf einem Karton in der Ecke und malt. Nur selten wirkt sie unzufrieden.

Gleichaltrige, deren Eltern nicht zu den armen Erwerbstätigen, zu den Minijobbern oder Leiharbeitern gehören, sondern deren Eltern über ausreichend Geld und Zeit verfügen, machen an Wochenenden Ausflüge, gehen mit dem Vater ins Schwimmbad, frühstücken sonntags lange mit der Familie, treffen ihre Freunde. Wie oft finden an Wochenenden Aktivitäten statt, die Kinder und Eltern nicht nur gemeinsam genießen – Selim genießt die Stunden mit ihrer Mutter im Kiosk auch sehr – sondern die sich zudem positiv auf ihre Bildung auswirken. Beim Frühstück lange Gespräche führen, während eines Sonntagsausflugs über den Rhein schippern oder eine Burg besichtigen, kann nämlich viel leichter in schulische Unterrichtsgespräche eingebracht oder an schulischen Lernstoff angeschlossen werden, als jeden Samstag Brötchen aufzuschneiden und Zeitschriften zu sortieren.

Für Kinder kommt es demnach ganz erheblich darauf an, welche materiellen, sozialen, geistigen und emotionalen Möglichkeiten ihre Eltern haben, die gemeinsame Zeit zu gestalten. Zur Lebenswelt von Kindern gehören heute also ganz maßgeblich die unterschiedlichen Ressourcen ihrer Eltern, aber dazu gehören auch die Erfahrungen und Möglichkeiten, die Kindern außerhalb der Familie, also in den Wohnvierteln, mit Freunden, im Kindergarten in der Schule oder im Sportverein offen stehen.

Wie erfährt man Details über die Lebenswelt von Kindern?

Die unterschiedlichen Lebenswelten von Kindern können wir gut anhand von statistischen Daten, pädagogischen Konzepten, von Beobachtungen und Gesprächen mit Erwachsenen beschreiben. Besonders interessant aber sind die Sichtweisen von Kindern selbst auf ihre gesamte Lebenswelt und auf einzelne Teilbereiche. Aus diesem Grund werden nicht nur in Deutschland, sondern auch in anderen Ländern immer häufiger Untersuchungen durchgeführt, die auf die Sichtweisen von Kindern selbst zielen. Zur Einführung in die Lebenswelt von Kindern in Deutschland, und wie Kinder diese selbst sehen, sollen in diesem Abschnitt neben den Beschreibungen der Kinderwelten von Wiebke, Alexander und Jean, aber auch von Halal, Selim, Jasim und Mohamed ein paar zentrale Ergebnisse aus Studien über Kinder in Deutschland vorgestellt werden. Dabei geht es hier zunächst um Kinder in der so genannten »mittleren« Kindheit, also Kinder, die mehrheitlich in der Grundschule sind. Diese Altersgruppe ist besonders interessant, denn in der Forschung wird die These vertreten, dass die Phase der Kindheit immer kürzer wird und Kinder vielfach mit zehn sich selbst schon eher zu den Jugendlichen zählen. Manches spricht für diese These der verkürzten Phase der Kindheit und einer dementsprechend deutlich längeren Jugendphase.

Das Verständnis von Jugend ist viel breiter, man kann auch sagen, es ist diffuser. Zur Jugend gehört auf jeden Fall das zweite Lebensjahrzehnt, aber zentrale Entwicklungsaufgaben wie die finanzielle Unabhängigkeit oder die eigene Familiengründung sind auch im dritten Lebensjahrzehnt mittlerweile noch längst nicht abgeschlossen. Die Jugendphase beginnt früher und dauert heute länger als noch vor 50 Jahren. Die Kindheitsphase umfasst mehr oder weniger die ersten zehn Jahre, und wir messen seit einiger Zeit aufgrund demografischer Faktoren, aber auch aufgrund wissenschaftlicher Erkenntnisse über die frühe Prägung und ihre lebenslange Wirkung, dieser Phase sehr viel Aufmerksamkeit bei. Darum ist der Befund, dass die Lebenswelten von heutigen Kindern durch soziale Ungleichheit geprägt sind, entscheidend. *Ungleichheiten durchziehen Kinderleben, obwohl die Gesellschaft im Vergleich zu früheren Epochen insgesamt durch Wohlstand, Bildung und Sicherheit geprägt ist.* Viele Kinder profitieren von diesen gesamtgesellschaftlichen Entwicklungen, aber es gab und gibt eine große Gruppe von Kindern, die benachteiligt ist und deren Lebenswelt durch vielfache Mangelerfahrungen gekennzeichnet ist.

Doch nun zu der Frage, was wir allgemein über die Lebenswelten von Kindern in Deutschland aus ihrer eigenen kindlichen Sicht wissen. Dazu wird hier und im gesamten Buch auf unsere Forschungsbefunde der World

Vision Kinderstudien zurückgegriffen. Die World Vision Kinderstudien von 2007 und 2010 basieren erstens auf einer repräsentativen Befragung von Kindern zwischen acht und elf Jahren in Deutschland im Jahre 2007 und sechs und elf Jahren im Jahre 2010. In beiden Studien zusammen haben wir über 4000 Kinder bei sich zuhause, also in ihrer vertrauten Umgebung, einen Fragebogen ausfüllen lassen. Darunter waren repräsentativ verteilt Jungen und Mädchen aus allen gesellschaftlichen Schichten, Kinder mit arbeitslosen Eltern, Kinder von Alleinerziehenden, Kinder auf dem Land und in der Stadt und Kinder mit einem Migrationshintergrund. Bei den älteren Kindern haben wir außerdem darauf geachtet, dass alle Schulformen der weiterführenden Schulen vertreten waren. Der Fragebogen umfasste etwa 60 Fragen zu den Lebensbereichen Familie, Schule, Freizeit, Freunde, Medien, aber wir haben auch nach Wünschen, Einstellungen und Sorgen gefragt. Außerdem haben wir für jede Studie auch 12 Kinder ausführlich interviewt und in individuellen Fallstudien portraitiert. Die ausführlichen Interviews basieren auf einem speziell entwickelten Spiel, das den Kindern die Möglichkeit gibt, ihre psychosoziale Umwelt darzustellen und im Interviewverlauf eine Tiefenstruktur räumlich sichtbar zu machen.

Hierfür sollen Fatma aus Berlin und ihre psychosoziale Umwelt beispielhaft vorgestellt werden.

Fatma wurde im Interview wie alle Kinder gebeten, mit den Bausteinen ihr Zuhause aufzubauen und die dort mit ihr lebenden Personen, Erwachsene wie Kinder, mit den kleinen Figuren aufzustellen. Das bietet den Kindern die schöne Gelegenheit, während sie bauen, ins Erzählen zu kommen und lebendige Einblicke in ihre familiäre Lebenswelt zu geben. Dann hatte Fatma die Aufgabe, andere Orte, die zu ihrer Lebenswelt gehören und damit für ihren Alltag wichtig sind, aufzubauen und auch dort Figuren aufzustellen und

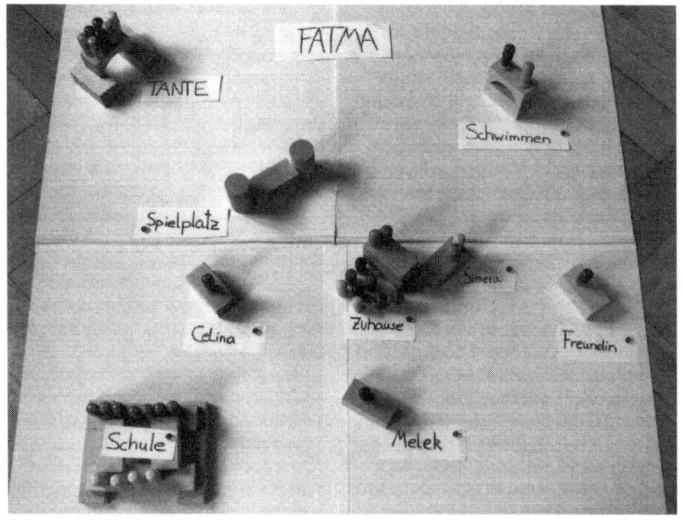

zu benennen. Schließlich wurde sie gebeten, besonders wichtige Menschen auf ein Podest zu stellen, denn auf diese Art bekommt man als fremder Erwachsener auch eine Tiefendimension in Fatmas Lebenswelt. Wie sieht nun Fatmas Lebenswelt aus? Was erzählt sie darüber?

Fatma war zum Zeitpunkt des Interviews zehn Jahre alt, ihre Eltern sind aus dem Libanon nach Deutschland gekommen, dort ist Fatma geboren und lebt mit ihrer Familie in Berlin. Der Vater ist arbeitslos, die Mutter arbeitet als Putzfrau, beide sprechen zum Zeitpunkt des Interviews nur gebrochen Deutsch. Die Familie zählt sechs Kinder, und Fatma teilt sich mit zwei Brüdern ein Zimmer. Zu ihren großen Leidenschaften zählt das Schwimmen, dorthin begleitet sie ihr zwölfjähriger Bruder. Schwimmen ist Fatmas großes Hobby, im Schwimmbad ist sie glücklich und im Wasser fühlt sie sich schwerelos. Besonders reizt sie der Nervenkitzel, wenn sie vom Sprungbrett springt, und sie erzählt mit Stolz, dass ihr Bruder Ali sie ermutigt hat, vom Fünfer zu springen.

Aber Fatma geht auch sehr gerne in die Schule und erzählt von ihrer Versetzung in die vierte Klasse. In der Schule hat sie die Gelegenheit, mit ihren Freundinnen zu spielen. Gegen 16 Uhr kommt sie jeweils nach Hause, so dass sie nachmittags ihre Zeit meist auf dem Spielplatz in der Nähe der Wohnung verbringt. Auch die Wohnung der Tante wird aufgebaut, denn dorthin kann Fatma nicht ohne eine erwachsene Begleitung gehen, obwohl die Tante mit ihrer Familie ebenfalls in Berlin lebt. Wenn sie diese besuchen, so übernachtet Fatma meistens dort. Wichtig sind ihr zudem die Wohnungen ihrer drei besten Freundinnen. Zu allen anderen Orten begleitet Fatma ihr älterer Bruder. Auf die Frage, wie sie sich ihre Zukunft als Erwachsene vorstellt, fällt Fatma sofort eine Antwort ein, denn welcher Berufswunsch läge näher als der der Bademeisterin (Word Vision 2007).

Diese Art der Interviews – verbunden mit dem Aufstellungsspiel – haben uns wunderbare Einblicke in die individuellen Lebenswelten von Sechs- bis Elfjährigen gegeben, und in den folgenden Kapiteln werden immer wieder Perspektiven auf diese Welten möglich sein. Aber wir haben gerade für die ausführlichen Interviews die Kinder auch gebeten, anhand von Zeitstreifen darzulegen, womit sie die meiste Zeit verbringen, wir haben mit ihnen über Armut und Reichtum gesprochen und wir haben sie aufgefordert, am Ende des Interviews die fünf wichtigsten Dinge zu malen, die ein jedes Kind, egal wo es aufwächst, benötigt, um ein gutes Leben zu führen.

Insgesamt tritt in den qualitativen Interviews und den quantitativen Daten ein Befund deutlich hervor: Kinder verfügen über ganz unterschiedliche soziale Umwelten. Wie diese aussehen, welche Unterschiede bedeutsam sind und welche Kontakte sie nennen, ob diese vornehmlich aus dem familiären Nahbereich stammen oder weiter darüber hinaus gehen, hat maßgeblich mit dem sozialen Hintergrund eines Kindes zu tun. Die Anzahl der Kontaktpersonen variiert bei den Kindernetzwerken sehr stark. Ich möchte an dieser Stelle die Auszählung zitieren, die wir anhand der Spielaufstellungen unserer interviewten Kinder 2010 vorgenommen haben: »Es gilt zwischen der Anzahl der *Kontakte*, also der aufgestellten Spielfiguren, und der Anzahl der Kontakt*personen* zu unterscheiden. Die Kinder stellen auch Spielfiguren auf, die sie selbst symbolisieren, und manchmal auch für andere Personen Figuren an mehr als einem Ort. Zieht man also die eigenen und die doppelt platzierten Spielfiguren ab, so haben unsere 12 Kinder insgesamt 249 Figuren als Kontaktpersonen aufgestellt. (Mit den Kindern selbst und den doppelt oder mehrfach aufgestellten Figuren sind es 266 Kontakte.) Das heißt, dass sie im Durchschnitt 21 Kontaktpersonen aufstellen, davon waren 11 Erwachsene und 10 Kinder. Der Mittelwert von 10 Kindern (Geschwister mit eingerechnet) passt in etwa zu den Angaben im repräsentativen Teil, wo die Kinder nach der Zahl ihrer Freunde gefragt wurden. Die Anzahl der Kontaktpersonen variiert sehr stark. Dabei spielt das Alter unserer Befragten kaum eine Rolle. Die wenigsten Kontakte gab mit 10 Personen ein 7-Jähriger an, die meisten mit 32 Personen ein 8-Jähriger. Eine Überraschung war für uns, dass die Kinder insgesamt mehr erwachsene Kontaktpersonen aufstellten als Kinder. Dies wird noch bedeutend interessanter, wenn man sich die Angaben genauer anschaut: Bei einigen Kindern ist das Netzwerk stark von Erwachsenen dominiert, bei anderen ist es deutlich von Kontakten zu Kindern bestimmt.« (Schröder/Picot/Andresen 2010, S. 231/232)

Diese Auswertung macht also zunächst deutlich, dass die Lebenswelt unserer Kinder durch andere Menschen geprägt ist, und nun ist dabei besonders wichtig, ob mehr Erwachsene oder mehr Kinder vorhanden sind oder ob sich das Verhältnis ausgleicht. Warum ist das wichtig? Kinder lernen, das wird später noch ausgeführt, von Erwachsenen wichtige Dinge, aber manches können sie nur von und mit Gleichaltrigen lernen. Wenn ein Kind außer in der Schule nur mit Erwachsenen zusammen ist, wird es vielleicht immer verwöhnt und umsorgt werden und möglicherweise nehmen diese Erwachsenen stets Rücksicht auf die kindlichen Bedürfnisse, aber dennoch wäre diese Lebenswelt eher eingeschränkt. Denn mit wem kann man Quatsch machen, sich balgen, um die Führung im Spiel verhandeln, sich wechselseitig die Zahnlücken zeigen? Fatmas Welt der Kinder ist etwa durch die Geschwister, besonders durch die Brüder, mit denen sie das Zimmer teilt und die sie begleiten, geprägt, aber auch durch ihre Freundinnen.

Beide Gruppen sind für Kinder unverzichtbar: Erwachsene und Gleichaltrige tragen gleichermaßen zum Wohlbefinden bei, aber besonders mit Gleichaltrigen lassen sich neue Frei- und Möglichkeitsräume viel besser erkunden und Grenzen überschreiten.

Einen weiteren Zusammenhang möchte ich hier deshalb auch hervorheben: Die von uns interviewten Kinder nehmen insgesamt die Erwachsenen als »Bestimmer« in ihren Lebenswelten wahr. Das sehen sie keineswegs nur negativ, aber sie wünschen sich doch mehr Möglichkeiten der Selbstbestimmung. Das zeigt sich insbesondere mit Blick auf die Zeit, die zur Verfügung steht. Wir haben den Kindern einen Papierstreifen mit der Bitte vorgelegt, auf diesem anhand vorgegebener Kategorien einzuteilen, wie viel Zeit sie in den jeweiligen Lebensbereichen verbringen. Bezug genommen wurde dabei auf die wache Zeit eines Tages, und zwar getrennt nach Schultagen und Wochenende. Insgesamt wurden sechs Kategorien vorgegeben: Schule und damit verbundene Aufgaben, andere Pflichten wie Jobs oder Hilfe im Haushalt, feste Freizeitaktivitäten wie das Mitwirken in einem Verein, Zeit mit der Familie, freie Spielzeit ohne Aufsicht sowie Nutzung von elektronischen Medien. Vergleicht man die von allen zwölf Kindern angelegten »Zeitstreifen«, so wird deutlich, über wie wenig selbstbestimmte Zeit unsere Kinder verfügen, wobei die Schule der größte »Zeitfresser« ist, Kinder hingegen wenig zur Hausarbeit herangezogen werden. Ein interessantes Detail ist, dass eine echte Kontroverse zwischen Kindern und Eltern nur im Umgang mit Medien deutlich wird, denn die Kinder wollen Medienzeit gern als selbstbestimmte Zeit zugesprochen bekommen, wohingegen sie hier auf den fürsorglichen Widerstand der Eltern stoßen.

Fürsorge der Eltern und anderer Erwachsener ist aber insgesamt von großer Bedeutung für Kinder und das zeigt sich auch an ihren Vorstellungen vom »guten Leben«. Ein liebevolles Zuhause, Erwachsene, die für mich sorgen, ein »Dach über dem Kopf«, eine Mutter oder ein Vater, die mich nachts trösten, halten die Kinder für unverzichtbar für alle Kinder. Dies deckt sich auch mit unseren Untersuchungen dazu, was Kinder, die unter Armutsbedingungen aufwachsen, unter einem »guten Leben« verstehen. So nannten Kinder im Rahmen einer standardisierten Befragung in einem Feriencamp auf die offene Frage nach Dingen, die für sie wichtig sind, vielfach konkrete Menschen aus ihrer Familie. Offene Antworten auf eine weitere Frage danach, was sie für alle Kinder wichtig finden, lautete: »dass Eltern immer, obwohl sie arbeiten müssen, Zeit für ihre Kinder haben« und »dass sie ein Zuhause haben und Eltern«, »dass die Eltern den Kindern auch zuhören«, sowie »dass die Eltern da sein müssen«. Soweit also ein kleiner Einblick in die Lebenswelt der Kinder mittels unserer Studien.

Was lässt sich außerdem mithilfe der repräsentativen Fragebogenerhebung zu den Lebenswelten sagen? Zunächst einmal ist festzustellen, dass Familie als Lebenswelt heute viele Gesichter hat. Die Mehrheit der Kinder unserer

Altersgruppe, also zwischen sechs und elf Jahren, lebt in Deutschland mit beiden leiblichen Eltern zusammen. Interessant für die familiäre Situation ist auch aus Sicht der Kinder das Verhältnis der Eltern zueinander, aber auch die Beziehung zu Geschwistern und anderen Familienmitgliedern wie Großeltern. In unseren beiden Studien wuchs ein Viertel der Kinder als Einzelkind und damit zum Erhebungszeitpunkt ohne Geschwister auf. In der Gruppe der Kinder mit mehr als drei Kindern im Haushalt waren überdurchschnittlich viele Kinder mit einem Migrationshintergrund vertreten. Insgesamt kann man für Deutschland sagen, dass die Anzahl der Kinder in einer Familie durchaus Hinweise darüber gibt, ob Kinder Armutserfahrungen machen, denn Kinder bedeuten insbesondere, wenn sie mit ihren Familien in strukturschwachen Regionen leben oder aber ihre Eltern niedrig qualifiziert sind, ein Armutsrisiko. Die Mehrheit der von uns befragten Kinder gab an, regelmäßig Kontakt zu den Großeltern zu haben, und aus anderen Studien ist bekannt, dass Großeltern oftmals für das familiäre Netzwerk entscheidend sein können, etwa wenn es um die Betreuung der Kinder geht. Diese Ressource ist besonders dann relevant, wenn Kinder mit einem alleinerziehenden Elternteil zusammenleben oder beide Elternteile voll erwerbstätig sind oder ihnen eine hohe Flexibilität oder Mobilität abverlangt wird. In der Studie von 2010 lebten 16 Prozent der Kinder mit einem alleinerziehenden Elternteil zusammen, 5 Prozent lebten in einer Stieffamilie.

Es ist bereits angeklungen, dass die Erwerbstätigkeit das Familienleben ganz erheblich beeinflusst. In unserer repräsentativen Stichprobe lebten 40 Prozent der Kinder in einer Familie, in der ein Elternteil (meist der Vater) voll erwerbstätig und der Alleinverdiener war. 30 Prozent leben mit einem Vollzeit- und einem Teilzeiterwerbstätigen zusammen, zehn Prozent hatten Eltern, die beide Vollzeit arbeiten, und fünf Prozent hatten arbeitslose Eltern. 2007 haben wir die Frage gestellt, wie zufrieden Kinder damit sind, wie viel Zeit die einzelnen Familienmitglieder mit ihnen verbringen. Der folgende Befund ist recht aufschlussreich: Besonders zufrieden mit der Zeit sind diejenigen Kindern, deren Eltern beide erwerbstätig sind, einer Vollzeit, einer Teilzeit. Eher unzufrieden sind einerseits die Kinder, deren Eltern beide Vollzeit arbeiten und andererseits Kinder, deren Eltern arbeitslos sind. Bei der Frage nach der gemeinsamen Zeit mit den Eltern scheint es aus Sicht der Kinder demnach weniger darauf anzukommen, möglichst viele Stunden mit den Eltern zu verbringen oder immer ein Elternteil zuhause zu haben. Vielmehr ist es wichtig, wie die Zeit miteinander verbracht wird. Nicht zu unterschätzen ist außerdem, ob beide Elternteile mit ihrer Situation zufrieden sind und wie es ihnen gelingt, Probleme zu bewältigen. Aber ausgehend von den Lebenswelten der Kinder stellt sich die Frage, ob die in vielen Branchen weit verbreitete »Kultur« der Überstunden von Beschäftigten familienfreundlich ist.

Mit diesem Punkt lässt sich auf die soziale Situation von Familien in Deutschland überleiten. Wenn es darum geht, welche Kinder von Armut betroffen sind, so sind es Kinder, deren Eltern einen niedrigen Schul- und Berufsabschluss haben, die in den neuen Bundesländern aufwachsen, Kinder mit einem Migrationshintergrund und Kinder von Alleinerziehenden. Diese Gruppen sind hauptsächlich gefährdet durch Armut und damit einher gehende Marginalisierung und soziale Isolierung. Dies zeigt sich besonders in den schulischen Möglichkeiten und den Bildungserwartungen der Kinder. Aber wir können soziale Unterschiede auch in der Freizeit sehen. Beide Lebenswelten, die schulische und die Freizeit, wirken sehr oft zusammen und bedingen, dass das eine Kind, das am Nachmittag Musikunterricht hat und vor dem Einschlafen gerne ein

Buch liest, deutlich bessere Lernbedingungen in der Schule hat, als ein Kind, das in keinem Verein aktiv ist, meist auf dem Spielplatz vor der Wohnung »abhängt«, kein Buch liest und auch keine Geschichten erzählt bekommt.

Insgesamt lässt sich also festhalten: die soziale Lage bleibt nicht vor der Haustür der Familien stehen, sondern reicht direkt in deren Familienalltag hinein. Dies hat erhebliche Auswirkungen auf die Gestaltung des Familienlebens. Um Erkenntnisse über die Gestaltung des Familienlebens zu erhalten, haben wir u. a. danach gefragt, in welche Entscheidungen Kinder innerhalb der Familie einbezogen werden. Die Ergebnisse sind sicherlich nicht nur für die Wissenschaft interessant, sondern auch für diejenigen, zu deren Arbeitsalltag Kinder gehören. Bei der Frage, von wem sich Kinder wertgeschätzt fühlen und wer sich für ihre Meinung interessiert, schneidet die Mutter besonders gut ab, gefolgt vom Vater. So gaben 50 Prozent der Sechs- und Siebenjährigen, 55 Prozent der Acht- und Neunjährigen und 64 Prozent der Zehn- und Elfjährigen an, ihre Mutter lege viel Wert auf ihre Meinung. Beim Vater sind es etwa 8 Prozent weniger Kinder in allen Altersgruppen. Beide Elternteile aber stehen hier an erster Stelle, hingegen nur etwa 30 Prozent der Kinder glauben, dass sich ihre Klassenlehrerinnen und -lehrer für ihre Meinung interessieren.

Bei welchen Themen Kinder zuhause besonders einbezogen werden, wenn es um Entscheidungen geht, zeugt insgesamt von einem verantwortungsvollen Handeln der Eltern, denn es geht nicht um die Delegation von Verantwortung an die Kinder. 80 Prozent der Kinder macht die Erfahrung, dass sie in der Familie bei der Gestaltung der Freizeit einbezogen werden, 77 Prozent dürfen bei der Auswahl der Kleidung mitbestimmen und 73 Prozent dürfen mitbestimmen, wofür das Taschengeld ausgegeben wird.

Kinder machen demnach unterschiedliche Erfahrungen in ihren Familien. Insgesamt wird den Eltern aber ein gutes Zeugnis von ihren Kindern ausgestellt, sie tragen wesentlich zum Wohlbefinden bei. Dort, wo dies nicht der Fall ist, darf man nicht nur das Verhalten der Eltern als Ursache ansehen. Vielfach sind Familien durch strukturelle Probleme wie Arbeitslosigkeit oder schwierige Arbeitsverhältnisse und fehlende Betreuung enorm belastet. Solche Situationen wirken sich erheblich auf Kinder aus.

Dieser erste Überblick über die Unterschiedlichkeit kindlicher Lebenswelten und der erste Einblick, durch was Lebenswelten geprägt sind, nämlich durch konkrete Menschen, aber auch durch soziale Rahmenbedingungen, soll an dieser Stelle genügen. Einzelne Aspekte werden in den folgenden Kapiteln wieder aufgegriffen und vertieft.

Kapitel 2

Kinder sind verletzlich
Was ihnen Schutz und Sicherheit gibt

Der polnisch-jüdische Kinderarzt Janusz Korczak hat es wie kaum jemand verstanden, Kinder zu beobachten und feinsinnig ihre Gefühle und Handlungen zu verstehen. Vor 100 Jahren gründete er in Warschau ein Kinderheim, in dem er sich zusammen mit Mitarbeiterinnen und Vertrauten um Waisen kümmerte. Er entwickelte ein Pädagogik, die auf den Rechten des Kindes basierte, die den Respekt gegenüber seiner Würde und die Achtsamkeit im Umgang mit jedem Kind stark machte. Korczak hat in seinen umfangreichen Schriften zahlreiche Begebenheiten und Szenen mit Kindern geschildert, und sie zeigen sein großes Verständnis. Dem Kinderarzt war die Verletzlichkeit des Kindes, seine abhängige Stellung gegenüber Erwachsenen sehr bewusst und vor allem zeigte er auf, welche dramatischen Konsequenzen Gewalt gegenüber Kindern haben kann. Drastisch führt er uns dies in der Geschichte von »Tomek, der Prügelknabe« vor Augen:

Tomek wollte mit seinen Freunden in einem Obstgarten Äpfel stehlen. Der Gärtner aber war wachsam und schnappte sich einen der Jungen.

»Er drohte mir nicht und schlug mich nicht – nichts, er hielt mich nicht einmal besonders fest, nur ganz leicht. (…) Ich musste mit ihm tief in den Garten hinein, wo er so eine Hütte hatte. Als er die Tür abschloss, traute ich mich kaum noch, Luft zu holen. Er machte auch das Fenster zu. Er

befahl mir, mich auf einen Hocker zu setzen, weil ich mich
– sagte er – so angestrengt hätte, als ich über den Zaun sei,
und er wolle währenddessen Äpfel für mich suchen. Dann
machte er den Tisch frei, legte alle möglichen Knollen und
Samen auf die Erde. Und alles so langsam, der Schuft, dass
ich nur auf meine Hände stieren konnte.

Er holte Weidenruten aus einer Ecke und suchte die
dicksten aus. Jede einzelne steckte er in einen Eimer mit
Wasser und prüfte sie, indem er sie wie eine Peitsche knal-
len ließ. Dann zog er mich langsam aus. Ganz langsam, bis
ich nackt war. Ich war starr und rührte mich nicht. Nun
ergriff er mich und legte mich auf den Tisch und sagte:
›Bleib ganz ruhig liegen; liegst du bequem?‹ Dann begann
er, mich zu schlagen. Er hielt mich nicht fest, er drosch
bloß immer drauf. Wenn Blut kam, prügelte er an einer
anderen Stelle, aber langsam. Er gerbte mir das Fell. Erst
auf dem Rücken und an den Beinen; dann drehte er mich
um und bearbeitete meinen Bauch und meine Brust – bis
hinauf zum Hals. Wenn eine Gerte zerbrach, nahm er eine
andere. Ich dachte, er schlägt mich tot. Ich schrie nicht,
aber die Zähne klapperten mir vor Angst, und ich zitterte.

Dann setzte er sich und schnaufte. Ich blieb liegen und
rührte mich nicht. Endlich betrachtete er mich und meinte:
›Gut‹. Und goss den Eimer Wasser über mich. Dann zog er
mich an und brachte mich nach draußen. Am Gartentor
gab er mir einen Apfel und sagte: ›Wenn du Lust auf Äpfel
hast, komm ruhig wieder.‹ Abschließend gab er mir eins in
die Fresse, dass mir der Apfel aus der Hand flog und ich
ihn nicht einmal aufhob.

Ich stand wie angewurzelt am Zaun. Vor mir lag ein
Abfall- und Schuttplatz. Ich stand und guckte. Da bewegte
sich etwas: Eine Katze wühlte im Müll. Da hab ich mich
geduckt und einen Ziegelstein gepackt. Die Katze sah mich
an, ihre Augen funkelten – Drecksvieh. Ich lauerte, und sie
lauerte. Sie hat mich so aus der Fassung gebracht, dass ich

meine Schmerzen vergaß und nur noch wartete. Erst als sie aufsprang und weglief, schmiss ich ihr den Ziegelstein hinterher. Ich traf ihre Pfoten. Sie wollte noch fort, aber ich ergriff sie am Schwanz. Doch sie kratzte; und ich schlug sie mit dem Schädel auf die Steine, auf die Erde, auf die Erde. Bis sie tot war.« (Korczak 1906/1999, S. 357 f.)

Das ist eine erschütternde Geschichte, die Kroczak einem hier zumutet, um deutlich zu machen, dass sich die Missachtung der Verletzlichkeit von Kindern, die Erfahrung, einem anderen vollkommen ausgeliefert zu sein, immer Folgen hat. Das verängstigte, erniedrigte, bis aufs Blut geschlagene und zum Schluss verhöhnte Kind, so die Botschaft des Kinderarztes und Reformpädagogen, wird selbst roh und verliert jedes Mitgefühl für andere. Gewalt erzeugt in sehr vielen Fällen weitere Gewalt, und gerade die Biographien von jugendlichen Straftätern führen diese Dynamik vor Augen. Oft sind sie selbst in der Familie Opfer von Missachtung und Gewalt geworden.

Ein anderes historisches Beispiel dafür, wie ausgeliefert Kinder Erwachsenen sein können, hat traurige Berühmtheit erlangt: Der Jurastudent Andreas Dippold nimmt im Juli 1902 seine Arbeit als Hauslehrer bei der wohlhabenden Berliner Bankiersfamilie Koch auf. Sein Auftrag besteht darin, den beiden jüngeren Söhnen, dem dreizehnjährigen Heinz und seinem elfjährigen Bruder Joachim, Fleiß, Disziplin und das nötige Schulwissen zu vermitteln. Beide Söhne hatten den Eltern bereits große Sorgen bereitet, weil sie keinerlei Wissensfortschritte machten und von ihren Lehrern als faul und geistig träge charakterisiert wurden. In seiner glänzenden Studie »Der Hauslehrer« arbeitet der Zürcher Wissenschaftshistoriker, Michael Hagner (2010), die Geschichte der beiden Jungen mit ihrem Lehrer Dippold auf. Die Beziehung zwischen Lehrer und Zöglingen endet für den älteren Jungen, Heinz Koch, wenige Monate nach Dienstantritt des Lehrers tödlich.

Wenn dies auch kein typischer Fall einer Erwachsenen-Kind-Beziehung sein mag, so kann an ihr ebenso wie an der Geschichte Korczaks »Tomek, der Prügelknabe« der Frage nachgegangen werden, was denn Kinder im Vergleich zu Erwachsenen besonders verletzlich sein lässt. Anders gefragt: Sind Kinder, weil sie jünger, körperlich meist schwächer und kleiner sind, verletzlicher als Erwachsene? Ist es angemessen, von einer besonderen Verletzlichkeit und damit auch von einer besonderen Schutzbedürftigkeit auszugehen? Diese Fragen sind wichtig, denn wenn wir von einer ausdrücklichen Schutzbedürftigkeit des Kindes als Kind ausgehen, dann zieht diese Angewiesenheit und Verletzlichkeit die Verantwortung der Nicht-Kinder, also der Erwachsenen nach sich, für den Schutz Sorge zu tragen.

Eine solche Verantwortung zielt dann auf den einzelnen Erwachsenen angesichts ihm anvertrauter einzelner Kinder ebenso wie auf die Verantwortung der gesamten Gesellschaft. Dafür legen etwa gesetzliche Maßnahmen und Rechtsansprüche wie die Einführung von Kinderarbeitsschutzgesetzen oder das Recht des Kindes auf gewaltfreie Erziehung Zeugnis ab.

Manches spricht für die Tatsache, dass Kinder grundsätzlich aufgrund der ungleichen Machtverhältnisse zwischen Kindern und Erwachsenen verletzlich und somit schutzbedürftig sind, in der Familie, der Schule, auf der Straße oder im Verein. Diese Verletzlichkeit wird verschärft, wenn Kinder nicht respektiert werden und wenn ihnen im Falle von Missachtungs- und Gewalterfahrungen nicht geglaubt oder Gewalt durch vermeintliches »Fehlverhalten« des Kindes gerechtfertigt wird. Die Leidensgeschichte der beiden Berliner Bankierssöhne hat genau darin ihre Ursache. Sie liegt, wie Korzcaks Erzählung, mehr als 100 Jahre zurück, aber einige grundlegende Aspekte im Umgang mit Kindern lassen sich auch heute daran ablesen.

Strafen in der Erziehung und mögliche Folgen

Heinz und sein Bruder Joachim hatten in ihrem jungen Leben bereits verschiedene pädagogische Methoden und Schulen über sich ergehen lassen. Man hatte versucht, sie mit strenger Disziplin und körperlicher Züchtigung zu erziehen ebenso wie mit der Internatserziehung im reformpädagogischen Landerziehungsheim Haubinda. Nichts schien zu fruchten, und den wohl situierten Eltern war es vor allem peinlich, dass ihre Söhne versagten. Für den Vater, den erfolgreichen Bankier, stellte sich zunehmend die Frage der Verantwortung, und die sah er bei seiner Frau, was ihn selbst natürlich enorm entlastete.

In bürgerlichen Verhältnissen dieser Zeit oblag die häusliche Tätigkeit, die Erziehung und Obhut der Kinder der Ehefrau und Mutter, wenngleich der Vater der Rechtsvormund war. Wenn Kinder wie Heinz und Joachim Koch keinen Erfolg in der Schule hatten, als renitent galten und sich nicht anständig benahmen, so warf das zunächst und vor allem ein schlechtes Licht auf den mütterlichen Einfluss. Dem entsprechend fühlte sich auch Frau Koch unter Druck, und so gab sie eine Zeitungsannonce auf, um einen neuen geeigneten Hauslehrer für die Kinder zu finden.

Über diesen Weg kam der Student Dippold ins Haus. Er zeigte sich interessiert an pädagogischen und psychologischen Fragen, entwarf ein erstes Erziehungsprogramm und es gelang ihm schnell, die besorgte und angestrengte Mutter für sich zu gewinnen. Ein erster Schritt seines Programms lag darin, die Kinder aus der ablenkungsreichen Großstadt zu entfernen und der Kontrolle und dem Einfluss der Eltern zu entziehen. Allein mit den Kindern in einem abgelegenen Dorf baute er schließlich ein Erziehungssystem aus Gewalt, Zucht, körperlicher Ertüchtigung, ständigem Misstrauen und ununterbrochener Kontrolle auf. Die Mutter hatte alles auf eine Karte gesetzt und ihre ganze Hoffnung ruhte auf dem Erfolg des Hauslehrers Dippold.

Dieser ließ sie nicht gänzlich im Unklaren über sein Vorgehen und beschrieb in seinen Briefen seine harten Erziehungsmethoden, die er mit der Lernschwäche, dem Unwillen und dem angeblich unsittlichen Verhalten der beiden Jungen begründete. Der Hauslehrer beschuldigte die Kinder nicht nur der schlechten Leistungen und des Wissensrückstands, sondern vor allem warf er ihnen vor, sexuelle Handlungen an sich selbst zu vollziehen, also zu onanieren. Onanie bei Kindern gehörte um 1900 noch zu den verwerflichsten Handlungen, auf die drastische Bestrafungen folgten, und Kinder von Eltern oder Lehrern erniedrigt wurden. Manche mögen sich an den Film »Das weiße Band« von Michael Haneke erinnern, der 2010 die Erziehung der Kinder vor dem Ersten Weltkrieg in Erinnerung rief.

Der älteste Sohn des Dorfpfarrers wurde in diesem erschütternden Film von seinem Vater verdächtigt, unsittliche Handlungen an sich zu vollziehen. Wie kam der Vater auf diese Idee? Er glaubte, in der Blässe des Sohnes, seiner Unruhe und seinem mangelnden Willen, stets zu gehorchen, eindeutige Anzeichen für sexuelle Handlungen zu finden. Der Pastor züchtigte den Jungen und band ihm nachts im Bett die Hände fest. Vielleicht selbst im Unrecht zu sein, kam ihm nicht in den Sinn, denn er handelte stellvertretend für die Kirche und die staatliche Rechtsprechung und er befand sich insgesamt mit der gesellschaftlichen Einstellung gegenüber Heranwachsenden im Einklang.

Insofern fiel in dieser Zeit der Verdacht der sexuellen Selbstbefriedigung nur allzu schnell auf ein Kind im Übergang von der Kindheit in die Jugend, so auch im Falle der Berliner Bankierssöhne. Hierin liegt vermutlich, folgt man der Untersuchung des Wissenschaftshistorikers Hagner, auch ein Grund für das Verhalten der Mutter, die zu keinem Zeitpunkt den Lehrer in die Schranken weist, ihm gewalttätige Bestrafungen untersagt und ihre Söhne in Schutz nimmt.

So nimmt das Schicksal der beiden Kinder seinen Lauf, jeder ihrer Versuch, die Eltern von einer Rückkehr nach Hause zu überzeugen, scheitert, jede Klage über die Züchtigungen verhallt. Dippold schrieb nach etwa einem halben Jahr in seinen Briefen an die Familie nahezu ausschließlich über die angeblich sittlichen Verfehlungen sowie über sein persönliches Ziel »sittlicher Besserung« der ihm Anvertrauten. Damit konzentriert sich der ungelernte Lehrer letztlich immer weniger auf die Lernleistungen und stattdessen voll und ganz auf die Sexualität der Knaben. Zwar alarmierte der Gärtner, der anders als Korczaks Gärtner, in großer Sorge um das Wohlergehen der Jungen war, die abwesenden Eltern, aber auch das blieb ohne Erfolg. Der Jurastudent Dippold blieb im Dienst. Diese Situation muss auch vor dem Hintergrund des für die damalige Zeit vorherrschenden Verständnisses von Gewalt in der Erziehung gesehen werden. Es ist nicht unwahrscheinlich, dass die Eltern Koch wie viele ihrer Zeitgenossen davon überzeugt waren, man müsse Kinder, die sich selbst befriedigten, hart bestrafen. Besonders erschwerend kam hinzu, dass die Erwachsenen den Kindern nicht glaubten.

Das ältere der Kinder, Heinz, starb schließlich im März 1903 an den Folgen der schweren Züchtigungen, mit denen Dippold den Jungen erneut wegen sexueller Handlungen bestraft hatte. Am Ende eines spektakulären Prozesses, der viel öffentliche Aufmerksamkeit erregte, wurde Dippold zu acht Jahren Zuchthaus verurteilt. Mit seinem Namen ist bis heute das Phänomen des »Dippoldismus« verbunden, ein Name, der für den Sadismus von Erziehern steht. Auch an die Eltern richtete sich Kritik, insbesondere nachdem der jüngere Bruder zu den Gewaltexzessen des Lehrers befragt wurde.

Die Geschichten von Tomek, dem Gärtner und der

Katze und die der Familie Koch und ihres Hauslehrers Dippold liegen lange zurück, aber dennoch lässt sich an ihnen aufzeigen, wie sehr Kinder und ihr Wohlergehen von dem guten Willen und dem richtigen Wissen und Handeln der für sie verantwortlichen Erwachsenen abhängig ist. Erziehung war und ist immer auch das Einfallstor, die Verletzlichkeit der Kinder auszunutzen und nur im eigenen, oft triebhaften Interesse zu handeln.

Geschichte und Gegenwart zeigen dabei insbesondere, wie oft Erwachsene die Glaubwürdigkeit der Kinder hinterfragen und eher einem anderen Erwachsenen Glauben schenken. Das berichten auch Beratungsstellen: Wenn heute ein Kind, das sexuelle Gewalt erlebt, sich einem Menschen anvertrauen will, dann muss es im Durchschnitt mit acht Erwachsenen sprechen, bis ihm einer glaubt.

Geschichte der Kindheit und ihre Deutungen

Heinz Kochs Martyrium ist ein Beleg für elterliches Desinteresse an den echten Bedürfnissen ihrer Kinder und für die fatalen Folgen, wenn Machtverhältnisse in Gewalt übergleiten. Und sie führt uns vor Augen, dass das gesellschaftliche Verständnis von einem Recht auf gewaltfreie Erziehung eine sehr junge Entwicklung ist. Offenbar haben sich die Eltern Koch nichts dabei gedacht, wenn ihre Söhne drakonisch bestraft werden, haben dies gar angesichts deren »Fehlverhaltens« für richtig und angemessen gehalten. Ist das Schnee von gestern? Oder anders gefragt, hat sich im Laufe der Geschichte ein Bewusstsein für die besondere Verletzlichkeit von Kindern herausgebildet?

Die Geschichtsschreibung der Kindheit kennt einen geradezu paradigmatischen Streit um die an das Schicksal von Heinz Koch anschließenden Fragen: Hat das Bewusstsein für eine Besonderheit dieser Lebensphase zur Verbesserung der Lebensbedingungen von Heranwachsenden beigetragen? Waren Gewalttätigkeit, Missachtung, Unterdrückung solange an der Tagesordnung, solange die Gesellschaft kein Wissen und keine Idee davon hatte, Kinder könnten besondere Bedürfnisse haben? Waren Kinder besonders gefährdet, weil man sie nicht von den Erwachsenen trennte und keine besonderen Einrichtungen wie Schulen für sie hatte? Oder aber waren sie erst von da an gefährdet, als man sie bewusst aus der Welt der Erwachsenen entfernte?

Der französische Historiker Philippe Ariés (1975) vertrat in seinem für die historische Forschung über Kindheit Bahn brechenden Buch »Geschichte der Kindheit« eine sehr entschiedene Position: Er machte maßgeblich die allmähliche Trennung der Kinder von der Erwachsenenwelt dafür verantwortlich, dass sich die Stellung der Kinder veränderte, weil man für sie separate Räume schuf. Während Kinder im Mittelalter – waren sie einmal dem Windel- und Krabbelalter entwachsen – als Partner ihrer Eltern auf dem Feld oder in der Werkstatt tätig waren, brachte man sie durch die strikte Trennung zwischen Kinder- und Erwachsenenwelt in eine totale Abhängigkeit. Das sich herausbildende Bewusstsein kindlicher Schutzbedürftigkeit ging, so Ariés, einher mit der Vorstellung kindlicher Unschuld und Asexualität, weshalb vor allem sexuelles Verhalten im Kindesalter als großes Vergehen gedeutet wurde. Dass dies der Fall war, belegen die drakonischen Strafen bei Onanie.

Ariés Arbeiten sind bis heute zentral dafür, wie sich ein Bewusstsein für Kindheit herausgebildet hat, wie dies mit dem Wandel von Familienformen zusammenhängt und welche Machtverhältnisse und Erziehungsvorstellungen wichtig werden. Einen ganz anderen Weg, die Geschichte der Kindheit zu beschreiben, ist der Psychohistoriker Lloyd de Mause gegangen. Vor allem in seinem Buch »Hört ihr die Kinder weinen« (1982) legte er eine Fortschrittsgeschichte der Kindheit vor. Er beschreibt die Geschichte der Kindheit als einen Alptraum, aus dem man erst seit kurzem zu erwachen beginne. Je weiter man in der Geschichte zurückgehe, desto niedriger sei das Niveau der Kindspflege und desto wahrscheinlicher sei die Gewalt gegenüber Kindern.

De Mause interessiert sich besonders für die Spuren der Gewalt in der Geschichte der Kindheit und für das sich allmählich herausbildende Wissen um die Verletzlichkeit des kindlichen Körpers und der kindlichen Seele. Anders als Ariès hebt de Mause den zunehmenden Schutz, der Kindern gewährt wurde, das Bewusstsein für ihre Bedürfnisse und das Bemühen, sie langsam in die Welt der Erwachsenen einzuführen, als Fortschritt hervor. Als Teil des Fortschritts müsse, so der Psychohistoriker, die Bereitschaft von Eltern, ihre Kinder zu schützen sowie die Einführung der Pädagogik betrachtet werden. Für diese Lesart lassen sich zahlreiche Belegstellen finden, gleichwohl hat Ariès' Forschungsansatz deutlich machen können, in welche Mehrdeutigkeiten und Widersprüche das pädagogische Handeln der Erwachsenen gegenüber den Schutzbefohlenen eingelassen ist.

Die Publizistin Katharina Rutschky hat die dunklen Seiten der Erziehung in dem Begriff der »Schwarze Pädagogik« gefasst und in dem gleichnamigen Buch historische Quellen veröffentlicht, in denen die gewalttätigen Methoden der Erziehung beschrieben sind. Dabei haben die Vertreter solcher Methoden stets für sich beansprucht, im Interesse der Kinder zu handeln, wenn sie ihnen Gewalt antaten, sie beschämten und erniedrigten. Rutschky zeigte, dass durch die Begründung der Pädagogik sadistische Züge der Erwachsenen verschleiert werden konnten, und die Taten des Studenten Andreas Dippold legen über diese Seite der Erziehung durchaus Zeugnis ab.

Eine weitere Autorin, die sich mit der schwarzen Pädagogik befasst hat, war Alice Miller, deren Buch »Am Anfang war Erziehung« Ende der 1960er Jahre kontrovers diskutiert wurde, weil es provozierte, indem es Erwachsene an den Pranger stellte. Rutschky ebenso wie Alice Miller haben die besondere Verletzlichkeit des Kindes darin begründet gesehen, dass Kinder sich gegen die sadistische Lust von Erwachsenen kaum zur Wehr setzen können.

Zur Verletzlichkeit der Kinder

Die Geschichte rund um den Tod des Berliner Jungen Heinz Koch liefert zahlreiche Hinweise, wodurch Kinder in Gefahr geraten können. Die historischen Analysen und Zugänge und die Aufarbeitung schwarzer Erziehungsmethoden haben hier wichtige Erkenntnisse geliefert. Aber in diesem Kapitel soll es auch um die Frage gehen, was wir grundlegend über die Verletzlichkeit des Kindes wissen, welche Erkenntnisse es aus der neueren Forschung gibt und welche Rückschlüsse für den Umgang mit unseren jüngsten Zeitgenossen daraus gezogen werden können.

Während eines Kongresses im Frühjahr 2011 leitet der renommierte US-amerikanische Gewalt- und Kindheitsforscher James Garbarino seinen Vortrag mit der Geschichte vom »Little Starfish« ein. Sie handelt von der Begegnung zweier Männer an einem langen Strand. Einer der Männer ist unermüdlich damit beschäftigt, die gestrandeten kleinen Seesterne wieder ins Meer zu werfen. Dies sei doch ganz und gar vergeblich und damit überflüssig, ist hingegen die Meinung des zweiten Mannes. Der Retter der kleinen Seesterne hält einen Moment inne, betrachtet den Seestern in seiner Hand und wirft ihn dann mit Schwung ins Wasser. Genau für diesen einen kleinen Seestern, so sein Kommentar, sei es aber nicht vergeblich (»For this one it matters«).

Dem Forscher Garbarino ging es in seiner Geschichte um die Klärung von zwei Herausforderungen, die aus der

Abhängigkeit und Verletzlichkeit der Kinder resultieren: *Erstens ist jedes einzelne Kind auf den persönlichen Einsatz von Erwachsenen angewiesen. Und zweitens muss man um den richtigen Umgang mit Kindern ringen und bereit sein, immer wieder von vorne anzufangen.*

In seinem Buch »Children and the Dark Side of Human Experience« (2008) fordert Garbarino entsprechend dazu auf, über die Entwicklung von Kindern und die Gestaltung von Kindheit neu nachzudenken und dafür gerade vor den dunklen Seiten des Aufwachsens nicht die Augen zu verschließen. Kindheit als Lebensphase ergibt sich nicht natürlich, sie bedarf der sozialen Gestaltung, des aktiven Handelns – das zumindest hat die Geschichte der Kindheit und die Auseinandersetzung um ihre Deutung gezeigt.

Garbarino fordert also ein neues Nachdenken über die Entwicklung des Kindes und verschränkt die Frage nach den individuellen Dimensionen mit denen der sozialen Bedingungen des Aufwachsens. Die dunklen Seiten des Erfahrungsspektrums im Leben der Kinder und Jugendlichen resultieren, so Garbarino, aus toxischen sozialen und psychologischen Umwelten. Garbarino beruft sich auf die Arbeiten von Urie Bronfenbrenner, der sich intensiv mit den verschiedenen Umwelten von Kindern und deren Einflüssen auf das kindliche Wohlbefinden befasst hat.

Der Begriff der »toxischen Umwelten« ist nun eine sehr plastische Wortwahl, denn wenn die Umwelt vergiftet ist, so greift sie Kinder massiv an. *Die Umwelt von Kindern, so Bronfenbrenner und Garbarino, wird wesentlich durch Erwachsene bestimmt, in deren Macht liegt es, ob sie vergiftet ist oder nicht.*

Kinder selbst seien spirituelle, psychologische und soziale Wesen und als solche durch toxische Umwelten extrem verletzlich. Kinder, insbesondere in der sensiblen Phase des Übergangs in die Adoleszenz, sind darauf angewiesen, dass sie sich willkommen fühlen, dass sie geliebt und akzeptiert werden, dass sie erfahren, im Leben gibt es mehr als das materielle Leben (Garbarino 2008, S. 3).

Wodurch die Verletzlichkeit von Kindern darüber hinaus bedingt ist, machen die Arbeiten des US-amerikanischen Forschers David Finkelhor (2008) deutlich. Finkelhors Hauptinteresse richtet sich auf die Frage, wie und warum Kinder häufig zu Opfern werden. Bei seinen Analysen entfaltet er aber auch Erkenntnisse, die als grundlegend angesehen werden können für die Frage nach der besonderen Verletzlichkeit des Kindes. Erstens darf man die körperliche Unterlegenheit des Kindes nie vergessen. Zweitens gibt es einen altersbedingten Mangel an Wissen, Erfahrungen und Kontrolle. Drittens gibt es nach wie vor zu weiche Normen und Sanktionen, wenn Kinder Opfer werden, und viertens nehmen Erwachsene den Mangel an Wahlmöglichkeiten, mit wem Kinder zusammenleben und -treffen, nicht als Problem wahr, und schließlich beklagt er fünftens einen eklatanten allgemeinen Bewusstseinsmangel für die Verletzlichkeit von Kindern.

An dieser Stelle soll auf seine drei letzten Gründe ausführlicher eingegangen werden, weil sie aufschlussreich für unser Verständnis von Kindern und Kindheit sind und zur Klärung beitragen. Um mit dem letzten Punkt von Finkelhor zu beginnen: Gibt es nach wie vor einen solchen Bewusstseinsmangel dafür, wie verletzlich Kinder sind? Keine ganz einfach zu beantwortende Frage, wenn man sich etwa die Rechtsentwicklung der letzten Jahrzehnte ansieht oder die Bemühungen in Deutschland, so genannte Frühwarnsysteme zu etablieren, um vor allem Säuglinge und Kleinkinder vor häuslicher Gewalt und Vernachlässigung zu schützen. Diese Entwicklungen können als Beleg für einen positiven Bewusstseinswandel im Sinne Finkelhors genommen werden. Doch wie viele Entscheidungen in Städten oder Kommunen werden getroffen, ohne Kinder anzuhören oder ihre Verletzlichkeit zu berücksichtigen etwa in der

Straßenverkehrsplanung. Wenn der Bewusstseinsmangel überwunden werden soll, dann wäre die konsequente Prüfung der Folgen einer jeden politischen Entscheidung für die Jüngsten ein erster unverzichtbarer Schritt.

Wie verhält es sich mit den Normen und Sanktionsformen, wenn Kinder Opfer werden? Dafür ist zu klären, was neben den relativ eindeutigen auch juristisch definierten Taten, Kinder zu Opfern macht. Gerade in jüngster Zeit zeigen die Berichte von inzwischen erwachsenen Betroffenen von sexueller Gewalt nicht nur in der Familie, sondern gerade auch in pädagogischen Institutionen, wie Kinder und Jugendliche durch die erfahrene Gewalt, aber auch durch das Wegsehen und Schweigen anderer Erwachsener, durch die Infragestellung ihrer Glaubwürdigkeit mehrfach zu Opfern werden können. Die misshandelten Kinder der Heimerziehung und die von sexueller Gewalt betroffenen Kinder in Internaten mussten erfahren, dass mögliche Sanktionsformen gegen erwachsene Täter nicht umgesetzt und sie nicht geschützt wurden.

Wie pädagogische Einrichtungen Missachtung der kindlichen Würde oder Gewalt ermöglichen, wie sie auf Opfererfahrungen reagieren und welche Formen der Aufklärung sie haben, hängt nach wie vor von den Normen und Sanktionsformen im pädagogischen Alltag mit Kindern ab. Vor diesem Hintergrund wird deutlich, dass David Finkelhor hiermit einen wesentlichen Punkt benannt hat. Auch James Garbarino nimmt diese Problematik in den Blick. Beide weisen darauf hin, dass die Mehrheit der Erwachsenen, Eltern ebenso wie Pädagogen und Unbeteiligte, im Grunde »gute«, also gewaltfreie, anerkennende und respektvolle Intentionen gegenüber Kindern hat. Die Schwierigkeit besteht jedoch darin, diese guten Intentionen in ein gutes Handeln auch in aufreibenden Situationen zu zeigen. Stress und extreme Belastungen erschweren folglich eine gewaltfreie Erziehung.

In diesem Zusammenhang sollte man sich nicht scheuen, das Machtverhältnis zwischen den Generationen kritisch in den Blick zu nehmen. Ein Ansatzpunkt dafür wäre es, über ein gelungenes Verhältnis zwischen Fürsorge- und Autonomiebedürfnis auf Seiten der Kinder in der Familie und den Institutionen nachzudenken. In unserer zweiten World Vision Kinderstudie (2010) treten nämlich genau diese beiden Indikatoren als Garanten für kindliches Wohlbefinden hervor. Kinder wünschen sich fürsorgliche Erwachsene, aber nicht minder wichtig ist ihnen ein gutes Maß an Selbstbestimmung, also Autonomie. Kinder selbst haben unseren Untersuchungen zufolge ein gutes Gespür dafür, dass sie extrem abhängig sind von der Pflege, Fürsorge und Liebe anderer Menschen. Zugleich aber ist auch die Unabhängigkeit, die mit dem Alter zunehmen sollte, wichtig.

Kinder sind prinzipiell dazu in der Lage, Entscheidungen mit zu treffen, ihre Zeit einzuteilen oder auch in bestimmten Phasen den Lernstoff auszuwählen. Das muss ihnen aber ermöglicht werden.

Das führt mich nun zu dem dritten Punkt, den Finkelhor anführt, um die Verletzlichkeit der Kinder zu begründen. Er spricht von einem Mangel an Wahl bei denjenigen Menschen, mit denen Kinder täglich zu tun haben. Diese Überlegung ist sehr grundsätzlich, denn Kinder wählen weder ihre Familie und ihre Verwandten aus, noch haben sie ein echtes Mitspracherecht über Kita und Schule und in der Regel kaum Einfluss auf die Wohnlage geschweige denn die Weltregion, in der sie aufwachsen. *Das heißt: Kinder haben mit Blick auf ihre Mitmenschen von vornherein einen sehr engen Entscheidungs- und Handlungsspielraum. Sie können kaum vermeiden, mit Personen zusammenzutreffen, die sie eigentlich gar nicht mögen, mit denen sie eigentlich gar nicht zusammen sein wollen.* Das trifft durchaus auch auf Erwachsene zu, denn wer mit mir in der U-Bahn fährt oder wer zugleich im Freibad seine Bahnen schwimmt, unterliegt nicht meinem Einfluss. Letztlich handelt es sich um eine grundlegende Bedingung menschlichen Daseins, und davon ausgehend, ließe sich Finkelhors Problematisierung beiseite schieben mit dem Hinweis, dass ein Leben als Eremit oder als Schiffbrüchiger Robinson Crusoe keine wirkliche Alternative darstellt.

Lassen sich also mit Blick auf Kinder aus dieser Tatsache, wie wenig Einfluss diese auf ihre Mitmenschen haben, nützliche Überlegungen und Umgangsformen ableiten? Ich denke ja, und zwar als grundsätzliche Haltung gegenüber dem Kind und seinen Sorgen oder seinem Ärger mit anderen Menschen. Aufmerksamkeit für das soziale Miteinander, ohne jeden Konflikt zum Anlass zu nehmen, mein Kind in einen anderen Kindergarten zu geben, Signale wahrnehmen und ein Schulkind ermuntern, sich anzuvertrauen, wenn man das Gefühl hat, es wird von anderen drangsaliert, sind nötig. Gerade für Kinder, die eine Kette schlechter Erfahrungen zuhause, in ihrem Viertel und schließlich in der Schule machen, trifft Finkelhors Diagnose, ihr Mangel an Wahl über Kameraden mache sie verletzlich, besonders zu.

Auch weitere Maßnahmen lassen sich aus eben diesem Grundproblem heraus ableiten: *So ist es etwa von zentraler Bedeutung, dass im Kinderschutzgesetz das Recht auf Beratung unabhängig von den Eltern und das Recht von Kindern und Jugendlichen auf Beteiligung an sie betreffende Verfahren festgeschrieben werden.* Kinder können in Situationen kommen, in denen sie unabhängig von ihren Eltern beraten werden wollen, und darum ist dieses als Recht festzuschreiben.

Kinder machen auch unter Gleichaltrigen die Erfahrung, wenn sie gemobbt werden, dass ihnen die Kontrolle über ihr Umfeld und über sich selbst mehr und mehr entgleitet. Aus diesem Grund müssen Verfahren etabliert werden, in denen sie wieder Kontrolle über sich bekommen, indem ihnen transparent gemacht wird, welche Schritte geplant sind und wie sie einbezogen werden können. Über solche Maßnahmen gilt es also intensiv nachzudenken, wenn wir uns klar machen, dass eine totale Kontrolle darüber, mit wem wir zusammentreffen, nicht möglich ist.

Dieser Befund, dass Kinder und Jugendliche nur begrenzt Kontrolle über diejenigen Menschen, die sie regelmäßig umgeben, haben, ist in der Pädagogik bislang kaum systematisch betrachtet worden. Dabei bietet der Mangel an echter Wahl über unmittelbare Mitmenschen als spezifisches Merkmal der Kindheit die Gelegenheit, auch über Pflichten, etwa die Schulpflicht, neu nachzudenken. Damit will ich nicht sagen, dass die Schulpflicht grundsätzlich in Frage zu stellen ist, im Gegenteil, die öffentliche Schule und die Pflicht der Eltern und der Gesellschaft, für die Bildung der Kinder zu sorgen, ist ein hohes Gut. Aber sehr wohl kann darüber nachgedacht werden, welche Rechte, die Kindern bisher versagt wurden, mit den Pflichten einhergehen könnten. Wie können sich Kinder in Schulen Gehör verschaffen, wenn sie sich übergangen, bedroht, wenn sie sich ungerecht behandelt oder missachtet fühlen? Welche Stimme haben Kinder in pädagogischen Institutionen, zu deren Besuch sie verpflichtet sind? Welche echten Wahlmöglichkeiten über Kurse und Interessensgebiete werden ihnen neben dem Pflichtcurriculum eröffnet? Welche echten Wahlmöglichkeiten haben sie bei der Sitzordnung in der Klasse und damit bei der für Kinder äußerst wichtigen Frage, wen sie an ihrer Seite haben? Und nicht zuletzt, wenn sich herausstellt, dass diese Schule oder dieser Fußballverein gar nicht zu passen scheint, können sie aussteigen und wechseln?

Dort, wo Kinder sich aufhalten, sollten sie eine Stimme haben, sie sollten wählen können und sie sollten über Alternativen verfügen. Der Bielefelder Sozialpädagoge Holger

Ziegler fordert in Anlehnung an die Abhandlung des Soziologen Albert Hirschmann, dass die Qualität von Institutionen des Aufwachsens sich an den Möglichkeiten zu wählen (choice), die Stimme zu erheben und gehört zu werden (voice) und notfalls auch das Recht zu besitzen, aussteigen zu können (exit) gemessen werden muss. Mit Blick auf die Verletzlichkeit von Kindern sind diese drei Optionen wichtige Qualitätsmerkmale, auch wenn sich nicht alle Probleme damit lösen lassen.

Meistens kommt es auf die Haltung an, mit der wir Kindern begegnen, und zuweilen sind es die ganz alltäglichen Praktiken, durch die wir ihre Verletzlichkeit beachten und ihre Integrität und Würde bewahren. Ich möchte dieses Kapitel mit einer weiteren Geschichte aus den reichhaltigen Beobachtungen von Janusz Korczak abschließen, eine Geschichte, die deutlich macht, dass das Machtgefälle zwischen Kindern und Erwachsenen nicht zwangsläufig in Missachtung oder Gewalt umschlagen muss. Vielmehr zeigt sie, wie Erwachsene verantwortungsvoll mit ihrer Macht umgehen können:

»Im Zeichenunterricht hat Janusz ein schönes Bild gemalt. Er schreibt ›Triptychon‹ darüber.

Die Lehrerin fragt: ›Woher weißt du, dass das ein Triptychon ist?‹ ›Ich weiß es. Ich hab' es auf einem Bild gesehen, auf einer Postkarte, in der Kirche.‹ Ich verheddere mich und werde noch röter. Und erst jetzt fragt die Lehrerin: ›Darf ich?‹ Ich gebe ihr das Heft und sage: ›Bitte.‹ Und die Lehrerin sieht sich die alten Zeichnungen und diese letzte an. Und Wisniewski springt aus seiner Bank und gibt auch seinen Senf dazu und sagt: ›Ein Triptychon.‹

Ich habe Angst, dass die Lehrerin anfängt, es herumzuzeigen und mich zu loben, wie gut ich das gemacht habe. Sie muss doch wissen, dass es in so einer Schar immer einen Neidhammel oder Hanswurst gibt, der einen dann ärgern oder verspotten wird. Und die Lehrerein hat das verstanden, sie befiehlt Wisniewski, an seinen Platz zurück zu gehen, und zu mir sagt sie nur: ›Na, ruh dich jetzt aus.‹

Sie schließt das Heft und legt es behutsam vor mich auf die Bank. Behutsam und gerade.« (Korczak 1925/2000, S. 156)

Kapitel 3

Kinder haben ein Recht auf gewaltfreie Erziehung
Gelassenheit und Liebe bei Konflikten

Seit den 1990er Jahren zeigen Jugendstudien, wie zufrieden Jugendliche mit ihren Eltern sind. Jungen und Mädchen betonen das partnerschaftliche Verhältnis, und vor allem stellen sich 70 Prozent der jungen Generation vor, dass sie ihre eigenen Kinder später einmal ganz ähnlich erziehen wollen, wie sie selbst von ihren Müttern und Vätern erzogen wurden. 2006 waren es gerade sieben Prozent, die sich die Erziehung ihrer eigenen Kinder ganz anders wünschten (Shell Deutschland 2006). Insgesamt können wir davon ausgehen, dass heutige Jugendliche gelegentlich zwar Meinungsverschiedenheiten mit ihren Eltern haben, aber alles in allem erleben sie das familiäre Miteinander als sehr harmonisch.

Dieser Trend einer harmonischen Eltern-Kind-Beziehung auch im Jugendalter ist sehr interessant. Die Entwicklungsaufgabe der Jugendphase wird vielfach darin gesehen, dass Jugendliche sich von ihren Eltern unabhängig machen sollen. Dieser Prozess wurde immer als äußert konfliktträchtig und für Eltern und Heranwachsende zeitweise aufreibend beschrieben. Nun geben die aktuellen Jugendstudien ein etwas anderes Bild wieder. Zwar berichten auch heute Jugendliche und Eltern von Auseinandersetzungen, aber diese laufen deutlich friedlicher ab. Auch früher wurden Konflikte nicht unbedingt offen ausgetragen, insbesondere wenn Väter mit großer Strenge regierten und Gehorsam die gesellschaftlich akzeptierte Norm war. Doch die kritische Auseinandersetzung mit Vater und Mutter etwa um Freiheiten beim Ausgehen, um schulische Leistungen, um Politik und den Nationalsozialismus sowie um Sexualität und Freunde haben die ersten Jahrzehnte nach dem Zweiten Weltkrieg eher geprägt, als dies heute der Fall ist.

Es gibt demnach heute keinen markanten Generationenkonflikt, Eltern und Kinder sind sich nah, haben füreinander Verständnis, teilen durchaus auch gemeinsame Interessen. Kommt es in Familien zu größeren Auseinandersetzungen, so scheinen sie nicht so lange anzuhalten. Die Pubertät lässt Mütter und Väter immer noch aufseufzen, aber sie haben mehr Verständnis für diese Phase ihres Kindes. Hier soll kein Bild der Harmonie beschworen werden, und man kann den fehlenden Generationenkonflikt auch beklagen, weil man Jugendlichen gerne das Recht zugesteht, über die Stränge zu schlagen, sich abzugrenzen und die Alten zu kritisieren. Außerdem zeigen die Jugendstudien auch, dass dort, wo Konflikte noch vergleichsweise häufig und auch aggressiv verlaufen, die soziale Situation prekär ist, und auch die Schule und ihre Anforderungen bietet Stoff für innerfamiliäre Auseinandersetzungen. Dies ist besonders in den Familien der Fall, die sich für ihr Kind einen sozialen Aufstieg durch Bildung wünschen. Auch bei diesen Erfahrungen schreiben sich demnach soziale Unterschiede ein, denn diejenigen Jugendlichen, die von zahlreichen und stärker belastenden Konflikten mit den Eltern erzählen, haben überdurchschnittlich oft einen niedrigen sozioökonomischen Status. Unzufrieden mit dem Erziehungsstil der Eltern sind selten Jugendliche aus der Mittelschicht, sondern meist Jugendliche, deren Eltern über wenig Geld verfügen, niedrige Bildungsabschlüsse haben und im Niedriglohnsektor beschäftig oder arbeitslos sind.

Welche Rückschlüsse lassen sich nun aus dem insgesamt

eher geringen Konfliktpotenzial zwischen den heutigen Generationen für die Frage nach Erziehung generell ziehen? Zunächst können wir von Folgendem ausgehen: *Offensichtlich hat sich in der zweiten Hälfte des zwanzigsten Jahrhunderts bis in die Gegenwart hinein bei den Erwachsenen eine Haltung im Umgang mit ihren Kindern etabliert, die eher harte Konflikte meidet und auf einen partnerschaftlichen Umgang mit den eigenen Kindern setzt.* In zahlreichen Interviews mit Müttern und Vätern, die wir im Rahmen verschiedener Forschungsprojekte durchgeführt haben, beschreiben viele durchaus Situationen, in denen sie auch streng waren oder Erziehungsprinzipien durchsetzen mussten. Aber die meisten Eltern betonen, wie wichtig ihnen ein harmonisches Familienleben und Zusammensein mit ihren Kindern ist und wie sehr sie darum bemüht sind, es ihren Kindern recht zu machen. Die empirischen Befunde zur allgemeinen Zufriedenheit von Kindern legen davon Zeugnis ab, denn die Mehrheit ist sehr zufrieden mit ihrer Familie, und Vater und Mutter sind vielfach Vorbilder für ihre Kinder. Sind diese hohen Zufriedenheitswerte Ausdruck dessen, dass Kinder ihre Eltern meist ins positive Licht rücken und tendenziell bereit sind, dasjenige schön zu finden, was sie täglich erleben? Diese Frage ist durchaus berechtigt und sie wird auch in der Forschung kritisch diskutiert, darum soll auf den folgenden Seiten der Frage nachgegangen werden, was wir eigentlich über eine gelingende Erziehung wissen. An welche Erfahrungen können wir anknüpfen, welche Forschungsbefunde geben Auskunft darüber, was im erzieherischen Umgang mit Kindern positive Wirkungen entfaltet.

Wenn Eltern die Frage stellen, ob es denn aus wissenschaftlicher Sicht die eine »richtige« Erziehung gibt, so wird man dies jedoch sehr deutlich verneinen müssen. Erziehung funktioniert nicht nach Rezepten, auch wenn zahlreiche Ratgeber uns dies zuweilen nahelegen wollen.

Sollte Erziehung möglichst konfliktfrei sein?

Anknüpfend an die Ergebnisse der Jugendforschung ließe sich die Hypothese aufstellen, Kinder und Jugendliche finden vor allem eine konfliktfreie Erziehung gut, und auch Eltern fühlen sich wohler in ihrer Haut, wenn sie nicht zu streng sein müssen. Aber hier ist durchaus Vorsicht geboten. Weder sollte man nach der einen einzigen richtigen Erziehung fahnden, noch alle Konflikte vermeiden. Stattdessen wäre es wichtig, dort wo dies nötig ist, Eltern zu ermutigen, die Schwierigkeiten, die in jeder Familie auftreten, mit einer gewissen Gelassenheit anzugehen und eine Haltung zu entwickeln, die von Liebe, Geborgenheit und Respekt gegenüber ihrem Kind geprägt ist, ohne jedem Konflikt aus dem Weg zu gehen. (Andresen/Brumlik/Koch 2010, S. 13)

Konflikte, kleinere und größere Streitereien unter Geschwistern und mit Mutter oder Vater, gehören zum Aufwachsen dazu, schließlich kann man sich in einer Familie nicht immer einig sein. Sicherlich ist es nicht immer ganz einfach, als Mutter oder Vater zu entscheiden, wann gebe ich nach, wann bleibe ich hartnäckig, welche Prinzipien will ich gegenüber meinem Kind vertreten, unter welchen Bedingungen lenke ich trotzdem ein? Manchmal kommt zu diesen Fragen erschwerend hinzu, dass sie auch zwischen Elternpaaren nicht geklärt sind und die Schmerzgrenzen etwa beim Grad der Unordnung im Kinderzimmer sehr unterschiedlich sein können. Auch Kinder stellen sich diese Fragen, wann lenke ich ein und wann bleibe ich hartnäckig, meistens kennen sie auch die Reaktionen der Mutter und des Vaters gut, wissen, wie weit sie bei wem gehen können und auf welche Signale sie besonders achten müssen. Eigentlich kann das ja sogar zuweilen Spaß machen. Wenn man sich der Liebe und des Grundrespekts sicher ist, dann fordern Kinder auch zu Auseinandersetzungen auf, und sie wären sicher enttäuscht, ginge man dieser Streitlust immer aus dem Weg. In einem Interview erzählte eine Mutter Geschichten von ihrer kleinen Tochter, die manchmal energisch nach der »bösen Mama« verlange, die dann schimpfen oder etwas verbieten soll. Manchmal können Kinder eine kritische Auseinandersetzung mit ihren Wünschen auch als besondere Aufmerksamkeit wertschätzen.

Es gibt einige Anlässe im Aufwachsen von Kindern, die immer wieder Stoff für Auseinandersetzungen bieten und nach elterlicher Positionierung verlangen. Eine wichtige Aufgabe von Eltern ist es nämlich, ihr Kind gerade bei den für seine Entwicklung zentralen Schritten wie das Trockenwerden oder das selbstständige Essen zu begleiten. Dabei sind Kinder sehr unterschiedlich, aber alle müssen aktiv von Erwachsenen unterstützt und das heißt auch erzogen werden. Das könnte zum Beispiel heißen, dass die Eltern des zweijährigen Robin immer wieder darum bemüht sein müssen, dass ihr Sohn sich bereit erklärt, die Banane nicht nur als Brei zu sich zu nehmen, sondern von ihr abzubeißen und seine zahlreichen Zähne zum Kauen zu benutzen. Manchmal kommen Eltern nicht umhin, hartnäckig zu sein, wenn der Sohn feste Nahrung verweigert, obwohl er sie essen könnte oder etwa ihre Tochter nach immer neuen Geschichten vor dem Schlafengehen verlangt und einfach alles versucht, damit der Tag nicht zu Ende geht. *Es ist das gute Recht des Kindes, sich zu verweigern, die Geduld der Eltern auf die Probe zu stellen, sich dabei auszuprobieren und nicht zu gehorchen.* Der entscheidende Punkt ist aber, wie wir als Mutter oder Vater oder Betreuungsperson darauf reagieren, wo wir immer wieder zu überzeugen versuchen, gute Worte finden oder aber nachgeben. Klar ist jedoch, dass es Robin vermutlich nicht glücklich machen würde, wenn ihm widerspruchslos die Banane weiterhin als Brei serviert wird, denn erstens ist es für ihn ja sehr reizvoll, verschiedene Reaktionen der Mutter oder des Vaters zu erzeugen, jedenfalls solange sie gewaltfrei sind. Zweitens aber sind gerade die entwicklungsbedingten Herausforderungen, denen sich Kinder durchaus ab und an verweigern, die Meilensteine auf dem Weg zur wachsenden Autonomie des Kindes. *Es gibt entwicklungsbedingte Herausforderungen, und sie zu bewältigen und etwas beherrschen zu lernen, Laufen, alleine Essen, selbstbestimmt zur Toilette gehen, den Reißverschluss am Anorak zumachen, Gummistiefel anziehen, Schleife binden, bedeuten Freiheit.*

Das mag manchen zu pathetisch klingen, denn was haben die Schuhe, die sich eine Dreijährige anzieht, mit der Idee der Freiheit zu tun? Worin liegt das Ausmaß der Selbstbestimmung, wenn das 18 Monate alte Kind in der Krippe den Quark selbst mit dem Löffel essen kann? Vor allem führen einem diese Fähigkeiten vor Augen, dass Menschenkinder lernen müssen, ihren Körper zu beherrschen, und dann wird deutlich, dass Freiheit und Selbstbestimmung keineswegs nur eine Frage des Geistes, sondern auch an unseren Körper gebunden sind. Zu den wichtigen entwicklungsbedingten Herausforderungen unserer Kinder gehören in den ersten Jahren Fähigkeiten wie die eigenständige Nahrungsaufnahme, das Trockenwerden, dazu gehört in unserem Kulturkreis auch zu lernen, alleine einzuschlafen, sich auch mal selbst zu beruhigen oder die Erfahrung zu machen, den eigenen Willen nicht durchzusetzen.

Elterliches Handeln kann im Alltag mit Kindern und im Interesse der Kinder gar nicht ständig konfliktvermeidend sein. *Elterliches Handeln aber sollte immer gewaltfrei sein.* Nicht im Sinne eines Rezepts, aber als unverzichtbarer Anspruch und als ratifiziertes Recht des Kindes, ist die Forderung nach Gewaltfreiheit in der Erziehung eine moderne gesellschaftliche Norm für den Umgang mit Kindern und eine Reaktion auf die Asymmetrien zwischen Kindern und Erwachsenen. Durch das prinzipielle Ungleichgewicht hinsichtlich körperlicher Stärke, Wissensvorsprung und Mobilität sind Kinder im Verhältnis zu Erwachsenen prinzipiell die Unterlegenen. Das sollten Erwachsene stets im Hinterkopf haben, auch wenn ihnen ein Kind zuweilen tyrannisch vorkommen mag.

Dies schließt auch an das vorige Kapitel an, in dem Gründe für die Verletzlichkeit von Kindern vorgestellt und diskutiert wurden. Insbesondere mit Blick auf die Erziehung und ihren Beitrag zur Entwicklung von Kindern sind die Verletzlichkeit einerseits und die notwendigen Konflikte andererseits wichtige Komponenten des Aufwachsens. Wir müssen diese im Auge behalten, wenn wir klären wollen, wie Kinder möglichst gut aufwachsen und wie sie vielleicht sogar glücklich werden können.

Erziehung muss gewaltfrei sein

Ich möchte jedoch noch einen weiteren Zusammenhang darlegen, denn Kinder verfügen über das Potenzial autonomen Handelns und vor allem haben sie einen ausgeprägten Willen nach Freiheit und Selbstbestimmung. Dies soll im nächsten Abschnitt Gegenstand der Diskussion sein. Dabei betrachte ich dies wiederum als Frage nach einer guten Balance, und zwar als Balance zwischen fürsorglicher Zuwendung zu Kindern und ihren Möglichkeiten zur Selbstbestimmung. Für eine solche Balance geben maßgeblich die Erwachsenen durch ihre Erziehung einerseits und durch gesellschaftliche Rahmungen andererseits die Bedingungen vor. Der gesellschaftliche Rahmen hat erst in jüngster Zeit eine Neuerung erfahren, denn Eltern und allen anderen Erwachsenen wird auferlegt, Erziehung ausschließlich gewaltfrei zu gestalten.

Das Recht des Kindes auf eine gewaltfreie Erziehung ist ein wichtiger Garant für Fürsorge und Freiheit. Der Gesetzgeber hat dafür endlich die Rahmenbedingungen geschaffen. Nun kommt es darauf an, dass sich das Recht auch in der Haltung der Erwachsenen, maßgeblich der Eltern und vor allem in ihren Handlungen niederschlägt. Mit diesem Anspruch sind heutige Eltern konfrontiert – und das mit sehr guten Gründen. *Eine gute Balance zwischen Fürsorge und Freiheit der Kinder ist ohne Gewaltfreiheit nicht denkbar.* Zur Gewaltfreiheit gehört nämlich auch der Respekt vor der körperlichen und seelischen Integrität des Kindes und es kommt gerade im Alltag der Erziehung darauf an, Kinder nicht zu beschämen und zu erniedrigen. Janusz Korczak, auf dessen grundlegende Beobachtungen zu den Folgen von Gewalterfahrungen bereits im letzten Kapitel eingegangen wurde, hat eine sehr passende Formel gefunden: Alle Tränen seien salzig, und nur wer das verstehe, könne Kinder erziehen. Wer das nicht verstehe, so Korczak, könne keine Kinder erziehen. Diese Formel ist wiederum nicht als Rezept gedacht, aber sie fordert dazu auf, Erniedrigung, Missachtung und Gewalt als das zu erkennen was es ist und auch die Wirkungen stets zu bedenken: Sie schädigen und verletzen ein Kind in seiner körperlichen, seelischen, psychischen Würde.

Auch die psychoanalytische Forschung hat dafür sensibilisiert, welche verheerenden Wirkungen Erniedrigung, Beschämung und Gewalt auf Kinder haben. Nicht nur Eltern, auch pädagogische Fachkräfte, Trainer in Fußballclubs, Musiklehrer sollten über die seelischen Verletzungen des Kindes durch Beschämung und Entwertung Bescheid wissen (Leuzinger-Bohleber 2009, S. 101). Kinder und Jugendliche heute sind mehrheitlich auch deshalb mit ihren Eltern zufrieden, weil diese Gewalt als legitimes Mittel der Erziehung ablehnen und auch nicht einsetzen. Vor 100 Jahren sah dies noch ganz anders aus. Aber die Entwicklung hin zu einer gewaltfreien Erziehung darf nicht darüber hinweg täuschen, dass auch heute noch Kinder Gewalt in ihren Familien erfahren. Wir wissen aufgrund des Dunkelfeldes nicht genau, wie viele Kinder betroffen sind. Der Binnenraum der Familie hat also ein enormes Potenzial für eine gedeihliche Entwicklung der Kinder, aber er birgt immer auch Gefahren für seine besonders abhängigen Mitglieder, zu denen Kinder gehören.

In unserer Forschung sind wir selten auf familiäre Gewalt anhand der Interviews mit Kindern und auch Eltern gestoßen. Es gibt bislang auch wenig Austausch darüber, wie sich eine Forscherin dann verhalten sollte, woran sie Gewalt erkennt, welche Schritte einzuleiten sind usw. Aber die Sensibilisierung für eine gewaltfreie Erziehung ist deutlich gestiegen. Ein Beispiel dafür möchte ich anführen und damit auch zumindest anreißen, dass Kinder in ganz unterschiedlichen Kontexten von Gewalt und Beschämung betroffen sein können: Dieses Beispiel basiert auf einer Beobachtung in der Sport AG einer Ganztagsschule. Diese AG wird ehrenamtlich von einem Mitglied des örtlichen Sportvereins geleitet und an mehreren Nachmittagen sind Forscherinnen anwesend, weil sie die Aktivitäten der Kinder beim Nachmittagsangebot an Ganztagsschulen beobachten. An diesem Beobachtungstag sind etwa 20 Kinder in der Sport AG, sie sind laut und toben sich nach einem vollen Unterrichtsvormittag gründlich aus. Der Übungsleiter versucht ein Spiel in Gang zu bringen, aber es will ihm nicht gelingen, er brüllt immer lauter und fängt schließlich an, einzelne Kinder wüst zu beschimpfen. Die Forschergruppe beobachtet unangenehm berührt die Szene, niemand weiß so genau, wie damit umzugehen ist. Schließlich eskaliert die Situation, der Übungsleiter packt einen Jungen an der Schulter, schüttelt ihn und schubst ihn. Eine der Forscherinnen springt auf und geht dazwischen. Sie ist aufgeregt, kurzatmig, aber impulsiv und fordert mit lauter Stimme den Mann auf, damit aufzuhören. Dieser ist sichtlich erschrocken und versucht, möglichst rasch Normalität herzustellen, indem er nun ohne Diskussion zwei Mannschaften für ein Fußballspiel bildet. Die Kinder, nicht minder erschrocken, »spielen« mit, lassen sich einteilen und beginnen mit einem geordneten Spiel. Der Junge wird von seinem Übungsleiter nicht weiter beachtet, er setzt sich bis zum Ende der AG an die Seite. Das Forscherteam berät sich und beschließt, die Schulleitung zu informieren.

Diese kurze Szene mag verdeutlichen, dass ein Gesetz zur gewaltfreien Erziehung ein ganz zentraler Schritt ist, aber Erwachsene und Kinder kommen immer wieder in Situationen, die aufreibend sind und in denen manchen Erwachsenen kein Handlungsrepertoire zur Verfügung zu stehen scheint. Wir benötigen mehr Wissen über angemessene Handlungsstrategien, und dazu bedarf es gerade im außerfamiliären Bereich gut ausgebildeter Fachkräfte. Und gerade auch ehrenamtlich Tätige, die ja in Vereinen unverzichtbar sind, sollten ebenfalls Weiterbildungsangebote und vor allem eine professionelle Beratung und kollegiale Begleitung erhalten. Um bei dem Beispiel zu bleiben: wir haben bislang wenig zuverlässige Forschungsbefunde über Gewalterfahrungen von Kindern und Jugendlichen im Sport. Da der Sport zu den wichtigsten Freizeitbereichen gehört und Vereine auch in Ganztagsschulen vielfach unverzichtbare Angebote machen, müssen die Verantwortlichen dafür Sorge tragen, dass mit Kindern und Jugendlichen gewaltfrei umgegangen wird.

Wenn Kinder Missachtung erfahren

Missachtung und Gewalt finden auch in Familien statt, und gerade in jüngster Zeit gibt es zahlreiche Bestrebungen, die Erziehungskompetenzen von Müttern und Vätern zu fördern. Was frühe Ablehnung nach sich ziehen und wie dies aus der Sicht des Kindes wirken kann, möchte ich anhand eines literarischen Beispiels veranschaulichen. In der autobiographischen Literatur reflektieren Autorinnen und Autoren häufig ihre Erziehung und ihre Erfahrungen im Elternhaus, und diese Schriften führen uns literarisch die seelischen Verletzungen des einstigen Kindes vor Augen. Wenn jemand als Erwachsener in der Lage ist, eine Autobiographie zu veröffentlichen, so ist aus ihm – trotz der Kränkungen und der Beschämung in frühen Jahren – ja offensichtlich doch »etwas geworden«. Haben denn der kleine Klaps, die kleinen alltäglichen Erniedrigungen tatsächlich geschadet?

Diese Frage ist typisch, auch heute noch, und nicht selten auch für die einst Geschlagenen selbst. Ich möchte die schlichte Umkehrung vorschlagen und stets die Frage stellen: Musste diese Beschämung wirklich sein? Hat der Klaps dem Kind wirklich »genützt«? Und: Welche Gefühle reagieren wir Erwachsenen dabei eigentlich ab? Geht es nicht allzu oft um uns und nicht um das Kind, das gerade durch seine Mutter oder seinen Vater erniedrigt wird? Und wie kommt es, dass Kinder trotz schlechter Erfahrungen stark bleiben und daran nicht zerbrechen? Liest man autobiographische Geschichten folglich eher aus der Perspektive solcher Überlegungen, ergeben sich meines Erachtens andere Einsichten über den Anspruch an Eltern und andere Erwachsene, Kinder gewaltfrei zu erziehen.

Ich möchte das an dieser Stelle exemplarisch vorstellen, und zwar an einigen Auszügen aus der Autobiographie der US-amerikanischen Schriftstellerin Paula Fox. Sie veröffentlichte ihre Jugenderinnerung »In fremden Kleidern. Geschichte einer Jugend«, nachdem sie bereits eine erfolgreiche Schriftstellerin und selbst Mutter war. Die Erinnerungen sind literarisch sehr einnehmend, aber sie sind durchzogen von der Erfahrung des Kindes, immer wieder von den Eltern verlassen zu werden. Besonders eindrücklich gelingt es der Autorin, die Kälte und Distanz ihrer Mutter zu beschreiben.

Der Vater Paulas ist ein alkoholsüchtiger Drehbuchautor und die Mutter, eine Schauspielerin mit wechselhaften Engagements, ist offenbar wenig an der kleinen Tochter interessiert. Die Eltern geben das Kind zunächst in ein Waisenhaus und lassen es dann einige Jahre in der Obhut eines Pfarrers und seiner Mutter. Wie aus heiterem Himmel, so schildert es die Autorin, wird sie aus dieser Umgebung gerissen, um fortan bei der Großmutter zu wohnen. Es folgen zahlreiche weitere Stationen, zuweilen auch in der Gesellschaft des Vaters, aber selten von langer Dauer. Dennoch bedeuten dem Kind gerade die gemeinsamen Zeiten mit dem Vater sehr viel. Zu ihm gelingt es, eine Beziehung aufzubauen.

In langen Passagen führt Paula Fox uns vor Augen, was sie entbehren musste und wie sie den Mangel an verlässlicher mütterlicher und väterlicher Fürsorge erlebt hat. Ihre Eltern kann sie nicht als verbindliche Erwachsene, die sich um ihr Kind kümmern, beschreiben. Weitaus häufiger erlebt sie unangenehme, beängstigende, beschämende Begegnungen, insbesondere mit der Mutter. In einer Episode schildert sie eindrücklich, wie sich das kleine Mädchen durch das plötzliche Erscheinen der Mutter verängstigt, entlarvt, beschämt fühlt und sie präsentiert uns in ihren Erinnerungen die Mutter als eine erwachsene Frau, die keinerlei Sinn für die Gefühle und Bedürfnisse ihres Kindes zu haben scheint. Während eines Besuchs in der elterlichen Wohnung stößt die kleine Paula auf einen großen Überseekoffer: »Er stand hochkant und war einen Spalt offen, wie ein riesiges Buch, das darauf wartete, gelesen zu werden. An einer Seite reihten sich tiefe Fächer aneinander. Auf der anderen Seite hingen Anzüge und Kleider. Sie sahen aus, als seien sie durch den Raum geworfen und im Flug von kleinen Bügeln an einer Metallstange aufgehalten worden, an der sie sich festhielten, halb daran hängend, halb heruntergerutscht.

Nie zuvor hatte ich so viele Frauenkleider gesehen. Ich berührte sie, befühlte sie, drückte mich an sie, sog ihren verschwiegenen Körpergeruch in mich ein, bis mir schwindelig wurde. Ich zog eine Schublade auf und entdeckte Dosen voller Kosmetika. Ich wusste kaum, wozu sie da waren …

Plötzlich war meine Mutter im Zimmer, wie von einem gewaltigen Wind hier abgesetzt. Vor Verlegenheit und Angst stockte mir der Atem. Sie begann zu reden; ich sah, wie ihre Lippen sich bewegten. Ich beugte mich zu ihr und spürte die glühende Haut meines Gesichts.

›Was machst du da?‹, fragte sie mich wieder und wieder. Ich hörte sie in immer demselben abgemessenen Ton ›machst … machst‹ wiederholen, während sie meine Stirn anstarrte, die bedeckt war von ihrem Puder, meinen Mund, der vergrößert und verdickt war mit Lippenstift, den ich in einer kleinen runden Dose entdeckt hatte.

Ich fing an, tonlos zu weinen. Ihr Gesicht tauchte wie ein dunkler Mond drohend vor mir auf. Sie senkte ihre Stimme und flüsterte mit einer Art wilder Erbitterung: ›Wein nicht! Hör auf damit! Nicht! Wein nicht!‹

Ich schlug die Hände vors Gesicht. Sie schob die Bügel in den Koffer zurück und glättete die Kleider. Ich fühlte, dass sie mich getötet hätte, wenn sie die Tat hätte verbergen können.

Ich stand da und wartete auf die Erlaubnis zu bleiben oder zu gehen. Sie verließ das Zimmer, als wäre ich nicht da.« (Fox 1997, S. 57/58)

Vermutlich haben wir alle Erinnerungen an unsere Erkundungen in die geheimnisvolle Welt der Erwachsenen, und nicht immer wird die Mutter von dem jämmerlichen Rest ihres neuen teuren Lippenstifts, mit dem zuerst der Mund, dann aber, weil es so aufregend war, Stirn und schließlich Wangen und Hals bemalt wurden, begeistert gewesen sein. Aber gerade die Schränke mit den Schuhen und Kleidern üben auf Kinder in einem bestimmten Alter eine magische Faszination aus, weil sie die sichtbare Hülle des erwachsenen Lebens darstellen. Paulas Erkundung des Überseekoffers ist demnach eine altersgemäße Reaktion auf den auffälligen Gegenstand, und allenfalls wäre die Aufforderung, nichts in Unordnung zu bringen, die Puderdosen sofort aus der Hand zu legen und flugs das Gesicht zu waschen, angemessen gewesen. Die Mutter hätte der kleinen Tochter aber auch ihre Kleider zeigen können, sie hätte ihr mit einem Tuch das Gesicht reinigen und es dabei streicheln können. Sie hätte ihr erklären können, warum sie nicht will, dass Paula den Lippenstift benutzt. Denkbar wäre auch, dass sie nach einer ersten Überraschung in lautes und das erschrockene Kind befreiendes Gelächter ausgebrochen wäre.

Es gibt stets unterschiedliche Möglichkeiten, auf Kinder zu reagieren, und längst nicht immer wählen wir Erwachsenen die richtige. Schließlich sind auch Mütter und Väter manchmal gestresst, abgelenkt, verärgert, in Sorge oder einfach nur müde. Doch meistens wissen Kinder gut zu unterscheiden, ob die Mutter eben mit den Gedanken ganz woanders ist, etwa bei der fälligen Leasingzahlung oder der Vater erschöpft im Sessel sitzt und eigentlich seine Ruhe haben möchte.

Paulas Mutter aber reagiert vollkommen unangemessen. Warum sie in keiner Weise in der Lage ist, mit der Situation und ihrer Tochter umzugehen, wird in der Autobiographie nicht geklärt. Wir erfahren nichts über ihre eigene Kindheit, die vielleicht traumatisch war, wir wissen nichts über ihren Gesundheitszustand und ob sie möglicherweise unter Depressionen litt, oder aber ob es ihr einfach nicht einfiel, sich für ihr Kind zu interessieren und sich ihm zuzuwenden. Erschütternd ist, wie das Kind den zutiefst aggressiven Impuls, den die Mutter mühsam unterdrückt, wahrnimmt: »Ich fühlte, dass sie mich getötet hätte, wenn sie die Tat hätte verbergen können.«

Die im vorherigen Kapitel behandelte besondere Verletzlichkeit von Kindern zeigt sich hier anhand eines dem Kind vollkommen unverständlichen Verhaltens eines erwachsenen Menschen, dem es in dem Moment aber ausgeliefert ist. *Für Menschen generell, aber besonders für Kinder ist es wichtig, dass sie Reaktionen der anderen einigermaßen vorher sehen können.* Das Verhalten der Mutter lag zumindest für Paula jenseits einer erwartbaren »normalen« Reaktion. So ist sie der Situation einerseits ausgeliefert, aber anderseits gelingt es ihr dennoch, sie irgendwie zu überstehen.

Es ist die Art und Weise, <u>wie</u> Kinder beklemmende, irritierende, beängstigende Situationen überstehen, für das sich auch die Entwicklungsforschung interessiert und das Wie kann unter Umständen Aufschluss geben, auf welche inneren und äußeren Ressourcen ein einzelnes Kind zurückgreifen kann. Über welche Ressourcen verfügte Paula, die ihr geholfen haben, solche elterlichen Attacken zu überstehen? Möglicherweise haben ihr die Jahre in der Obhut des Geistlichen eine nachhaltige Kraft gegeben. Auch dürfen wir davon ausgehen, dass man schlechte Erfahrungen später überwinden kann. Warum das einem Menschen offenbar zu gelingen scheint, einem anderen hingegen gar nicht oder nur schwer, hat viele Ursachen, sie können genetisch bedingt sein, haben mit Freundschaften und Partnerschaft, mit der beruflichen und sozialen Integration zu tun, und nicht zuletzt ist die individuelle Persönlichkeit ein wichtiger Faktor.

Kapitel 4
Liebe, Geborgenheit und Respekt
Kinder wollen Fürsorge und Freiheit

Dieses Kapitel schließt direkt an das vorige an und führt weiter aus, was für eine gelingende Erziehung insbesondere aus der Sicht von Kindern wichtig ist. Weder wollen Kinder überbehütet und überfürsorglich behandelt werden, noch wünschen sie sich alle Freiheiten. Sie wollen – dieser Begriff ist schon mehrfach gefallen – eine Balance zwischen Fürsorge und Freiheit.

Wenn Kinder in ihrer Erziehung keine Fürsorge und keine ermunternde Unterstützung erfahren, nehmen sie dies häufig als Missachtung und Desinteresse wahr und sie entwickeln ihrerseits Strategien damit umzugehen. Dies wollen wir uns noch einmal von Paula Fox beschreiben lassen, um dann daran anschließend auf eine wichtige Forschungstradition einzugehen. Das Kind, Paula, ist zu Besuch bei den Eltern, die Geschichte mit dem Überseekoffer fand auch in diesen Tagen statt. Paula schildert folgendes Erlebnis: »Der Schäferhund meiner Eltern griff eine Katze an, die den schmalen, rissigen Gehsteig vor dem Haus entlang streifte. Mein Herz pochte laut; mein Gesichtsfeld verengte sich, und ich sah nur noch die beiden Tiere, das eine hilflos, das andere zu einem Ungeheuer geworden durch Raserei. Ich packte die Katze. In ihrer Panik kratzte sie mir über die Hand.

Es war an diesem Tag niemand im Haus, dem ich den Kratzer zeigen konnte. Ich wusch mir die Hand im Waschbecken in der Küche, auf meinem Stuhl stehend, um den Hahn zu erreichen. Die Wunde fing lang immer wieder an zu bluten. Als meine Eltern von dort zurückkehrten, wo immer sie gewesen waren, tat ich nichts, um ihre Aufmerksamkeit auf sie zu lenken.« (Fox 1997, S. 56/57)

Nicht nur, dass die kleine Paula beherzt der Katze zur Hilfe kommt, sie versorgt selbstständig ihre Wunde und spürt, dass ihre Eltern für den Schmerz des Kindes keine Sensoren haben, denn weder erzählt sie die Geschichte, noch zeigt sie ihnen den Kratzer. Sie gibt ihnen, die die kleine Wunde des Kindes selbst nicht wahrnehmen, keine Gelegenheit, fürsorglich zu reagieren, aber auch keine, das Kind erneut zu enttäuschen. Das Kind hat autonom gehandelt, als es trotz seiner Angst die Katze aus der misslichen Lage befreite. Es hat sehr selbstständig reagiert, indem es seine Wunde versorgt hat, und somit können wir feststellen, dass Paula ein beträchtliches Maß an Selbstständigkeit zeigte.

Aber wie tröstlich ist es für Kinder, wenn ein fürsorglicher Erwachsener die Wunde vielleicht noch einmal versorgt und ein kleines Pflaster auf den Handrücken klebt, das Kind auf den Schoß nimmt, sich die Geschichte vom aggressiven Hund und der fremden Katze erzählen lässt und es schließlich für seinen Mut lobt, aber möglicherweise auch mahnt, vorsichtiger zu sein. All das erfährt Paula nicht, und es scheint, dass sich gerade deshalb diese Geschichte auch in die Erinnerung der erwachsenen Schriftstellerin eingeschrieben hat.

Dieses Erlebnis ist durchaus von hohem symbolischem Wert, jeder mag das erkennen, wenn man sich an die eigenen kleineren und größeren Verletzungen in der Kindheit erinnert. Wie reagieren fürsorgliche Erwachsene, wenn sich ein Kind »wehtut«? Wie gern erinnern wir uns vielleicht an die tröstenden Worte von jemandem nach dem Sturz vom Fahrrad, daran, wie vorsichtig der Schmutz von den aufgeschürften Knien entfernt oder der pochende Schmerz einer Beule auf der Stirn mit einem kühlen Tuch gelindert wurde. Wir erinnern uns an die tröstenden Worte und manche vielleicht auch an das leise Summen einer beruhigenden Melodie. Manchmal, wenn es besonders wehtat, gab es zum Trost ein Stück Schokolade, einen Schluck Wasser oder einen Keks. Es ist unerheblich, ob man Kinderpflaster zur Hand hat oder nur schmuckloses Heftpflaster, ob man auch ein bisschen schimpft, weil der Unfall vorhersehbar war, oder das Kind einfach nur in den Arm nimmt und es ein wenig wiegt, es kommt vor allem darauf an, sich ihm und seinem Schmerz tröstend zuzuwenden – und manchmal ist es nicht nur der körperliche Schmerz, sondern auch das peinliche Gefühl vor gleichaltrigen Freunden mit dem Fahrrad gestürzt zu sein. Gerade in solchen Situationen ist es meistens hilfreich, sich an das kleine Kind in sich selbst zu erinnern, denn wer ist ohne Blessuren, Wunden, Brüche, Erkrankungen durch die Kindheit gekommen. Gerade in solchen Situationen sind Missachtung und Gleichgültigkeit auch für selbstbewusste und um Selbstbestimmung ringende Kinder unerträglich.

Wenn ein Kind trotz solcher elementaren Erfahrungen mit den leiblichen Eltern, wie sie Paula Fox erlebt hat, psychisch gesund heranwächst, dann ist es »resilient«. Das heißt, es hat offenbar Schutzfaktoren, die ihm dabei helfen, schlechte Erfahrungen so zu verarbeiten, dass es nicht daran zerbricht. Ein wichtiger Resilienzfaktor in Paulas Leben waren die ersten Lebensjahre, die sie in dem Haus des Geistlichen zugebracht hat. Dieser Mann war für sie eine zentrale Bindungsperson, und an ihn erinnert sie sich immer wieder. *Zentral sind für Kinder gerade auch bei der Frage nach einer guten Balance zwischen Fürsorge und Freiheit ihre Bindungen zu zentralen Bezugspersonen.* Darauf möchte ich im Folgenden etwas ausführlicher eingehen.

Die Bedeutung von Bindungen

In ihren bindungstheoretischen Studien setzt die Leiterin des Sigmund-Freud-Instituts in Frankfurt, Marianne Leuzinger-Bohleber (2011), den so genannten Manchester-Child-Attachment Story Task (MCAST) ein. Das ist ein Untersuchungsinstrument, in dem ein Kind mit einem großen schönen Puppenhaus Geschichten spielt und erzählt. Dafür hat es verschiedene Puppen zur Verfügung, die es selbst und eine erwachsene Bezugsperson sein können. In dieser wissenschaftlich streng kontrollierten Spielsituation spielt das Kind verschiedene Stresssituationen, vergleichbar mit denen von Paula Fox, nur dass hier im Spiel eine erwachsene Bindungsperson, repräsentiert durch eine Puppe, stets vorhanden ist.

Es werden dem Kind in dem Forscherteam von Leuzinger-Bohleber fünf verschiedene Geschichten erzählt, etwa: »Mama Puppe ist in der Küche, und Eva-Puppe hüpft draußen im Garten... Und sie hüpft und hüpft. Sie freut sich und hüpft und plötzlich fällt sie hin und verletzt sich das Knie, das blutet... Was passiert als nächstes?« (Leuzinger-Bohleber et.al., Forschung Frankfurt 1/2011, S. 29)

Was macht jetzt die Eva-Puppe? Läuft sie zu der Mutter ins Haus und erzählt, was passiert ist? Lässt sie sich in den Arm nehmen und trösten, die Wunde reinigen und vielleicht mit einem Pflaster versorgen? Oder läuft die Eva-Puppe ohne die Mutter zu informieren ins Bad, angelt sich eine Schere aus dem Nageletui und schneidet sich ein Pflaster zurecht? Bleibt sie mit leisen Tränen im Garten sitzen, schaukelt den Oberkörper ein wenig hin und her und jammert leise vor sich hin, ohne die Mama-Puppe aufmerksam zu machen? Oder aber rennt sie schreiend ins Haus und wirft auf ihrem Weg die Möbel im Puppenhaus um, lässt sich aber von der Mutter nicht trösten? Es gibt ganz unterschiedliche Reaktionsformen, die ein Kind zeigen kann, und die Annahme der Bindungsforschung ist die, dass sich gerade in Stresssituationen die Art und Weise zeigen, wie ein Kind Bindungen zu anderen Menschen v. a. zu seinen primären Bezugspersonen – das sind meist Mutter oder/und Vater – erfahren und dann in sich abgespeichert hat.

Die neuere psychoanalytische Bindungsforschung unterscheidet dabei vier verschiedene Typen (Leuzinger-Bohleber et.al 2011):

Typ A ist der unsicher vermeidende Bindungstyp: Ein unsicher vermeidendes Kind hat in Gefahren- oder Schmerzsituationen oft die Erfahrung gemacht, dass ihm nicht geholfen wird, es muss zusehen, dass es sich um sich selbst kümmert, und wird sich vermutlich mit einem Pflaster versorgen.

Typ B ist der sichere Bindungstyp: Kommt ein sicher gebundenes Kind in eine Gefahrensituation, verletzt es sich oder wacht es aus einem schlechten Traum auf, so sucht es selbstverständlich den Kontakt zu seiner primären Bezugsperson. Hier würde also vermutlich die Eva-Puppe sofort zur Mama-Puppe in die Küche laufen und sich trösten und versorgen lassen.

Typ C ist der unsicher vermeidende Bindungstyp: Das unsicher vermeidende Kind ist eigentlich ziemlich verzweifelt, wenn ihm etwas zustößt, es kann sich weder selbst trösten, noch sucht es Hilfe bei einer Bezugsperson, manchmal reagiert es aggressiv, manchmal ist es sehr in sich gekehrt.

Typ D ist der unsicher desorganisierte Bindungstyp: Kinder, die selbst bereits traumatische Erlebnisse hinter sich haben, die aus einem Kriegsgebiet geflüchtet sind oder schwerer Gewalt ausgesetzt waren, oder aber Kinder, deren primäre Bezugspersonen traumatisiert sind, zeigen häufig ein unsicher desorganisiertes Bindungsverhalten. Sie haben eigentlich keine sicheren Bindungserfahrungen gespeichert und wissen unter Stress nicht, wie sie reagieren sollen, wie sie mit einer schwierigen Situation umgehen, an wen sie sich wenden können.

Ich habe diese bindungstheoretischen Forschungsbefunde deshalb etwas ausführlicher dargestellt, weil die Bindungstheorie uns sehr viele Erkenntnisse darüber liefert, welch enormes Gewicht den Beziehungserfahrungen im Leben unserer Kinder zugeschrieben werden muss und wie wir bestimmte Verhaltensweisen deuten können. Ferner liefert sie uns wichtige Einblicke in das Verhältnis von Fürsorge und Autonomie: *Das Kleinkind legt, wenn es sich geborgen und sicher fühlt, ein »exploratives«, das ist ein erkundendes, die Welt eroberndes Verhalten an den Tag, und dieses ist unverzichtbar für das menschliche Lernen und damit für das Fortschreiten eines mehr und mehr selbstbestimmten Lebens.*

Kinder müssen beides lernen, zu vertrauen und sich an jemanden zu wenden, wenn Gefahr droht, und sich wieder zu lösen und auf Entdeckung zu gehen. Manchen Kindern wird dieses Wechselspiel besonders schwer gemacht, vor allem weil sie unter Armutsbedingungen aufwachsen und ihre Eltern deshalb viel Energie aufwenden müssen, um ihren Kindern eine sichere Basis bieten zu können, von der aus sie die Welt entdecken.

Auch Kinder sind fürsorglich

In unseren Studien über Kinderarmut und wie Kinder selbst diese erleben, finden sich ganz unterschiedliche Beispiele dafür, wie Kinder Fürsorge und Autonomie erleben, wie sie mit Unsicherheiten umgehen und welche Strategien

sie entwickeln. So haben wir den an unseren Forschungsprojekten beteiligten Kindern Einwegkameras gegeben
und sie gebeten, Orte und Menschen zu fotografieren, die
ihnen wichtig sind, sei es weil sie sie besonders mögen oder
weil sie sie fürchten und bewusst meiden. Mithilfe dieser
Fotos haben wir dann Interviews mit den Kindern geführt
und uns ihre Geschichte oder besser ihre Geschichten
erzählen lassen. So wie die des zehnjährigen Peters, der in
einem sozialen Brennpunkt in Berlin aufwächst und dessen
Eltern keine Arbeit und keine Kraft haben, liebevoll mit
ihm umzugehen (Andresen/Fegter 2009). In einem etwas
weiter entfernt gelegenen Kinder- und Jugendhaus, in dem
es neben regelmäßigen Mahlzeiten auch immer erwachsene
Ansprechpartner gibt, hält Peter sich deshalb nach der
Schule täglich auf. Dieser Ort ist ihm zu einer Art Zuflucht
vor dem eigenen Zuhause geworden, weil es dort immer
jemanden gibt, der sich um ihn kümmert. Was hat Peter
fotografiert? Viele Fotos sind aus der sozialpädagogischen
Einrichtung, von seinem Zuhause hat Peter den Fernseh-
schrank fotografiert, vor dem sitzen seine Eltern und seine
Geschwister häufig, und manchmal gesellt er sich zu ihnen,
immer dann, wenn er nicht allein sein mag.

Alle Kinder haben wir auch nach ihren besonderen
Wünschen gefragt, und hier sind Peters Einfälle auch sehr
eindrücklich, denn er wünscht sich als allererstes, dass
seine Eltern netter werden, nicht so oft mit ihm schreien
und auch mal mit ihm spielen. Folgt man den Ausführungen dieses Jungen, ist sehr gut zu verstehen, warum das
Kinder- und Jugendhaus solche enorme Bedeutung für ihn
hat. Dort wird für ihn gesorgt, er trifft Erwachsene, die er
kennt und die ihm freundlich gegenüber treten, er kann
mit anderen Kindern spielen, und vor allem erwähnt er im
Interview, wie gut es im gefällt, wenn die Gruppe gemeinsam etwas unternimmt und er Neues erfährt und entdeckt.

Damit kein einseitiges Bild entsteht: Längst nicht alle Eltern, die arbeitslos und arm sind, verhalten sich lieblos oder desinteressiert gegenüber ihren Kindern, und wenn sie es tun, dann liegt das oft an ihren eigenen niederschmetternden Erfahrungen, in der Gesellschaft nicht gebraucht zu werden. Ihre Kinder sind meist die ersten, die das durchaus sensibel wahrnehmen, und einige unserer jungen Interviewpartnerinnen und -partner haben sich gewünscht, mehr Geld zu haben, damit auch die Mama sich mal etwas Schönes kaufen kann. Hätten sie selbst welches, würden sie es ohne zu zögern abgeben. So berichtet die zwölfjährige Rhina, dass sie ihrer Mutter am Monatsende ihr Taschengeld anbietet, was diese aber stets ablehnt. Rhinas Mutter ist sehr um das Wohlergehen ihrer beiden Töchter besorgt. Für die Mutter ist es wichtig, dass die Familie zusammenhält, und dazu gehört auch der von der Familie getrennt lebende Vater. Ihn besuchen die beiden Mädchen an den Wochenenden, auch wenn der Stadtteil, in dem er lebt, den Weg für diese Kinder beschwerlich macht, denn mobil zu sein, ist für Kinder in Armut alles andere als selbstverständlich. Dabei ist gerade Mobilität so wichtig für Autonomieerfahrungen. Rhina selbst übernimmt sehr viel Verantwortung in der kleinen Familie, und sie stellt meist ihre eigenen Wünsche zurück, weil sie um die Geldnot der Mutter weiß. Das ist eine häufige Reaktion von Kindern in dieser Lebenssituation. Auch ein anderes Mädchen, die elfjährige Karina aus Hamburg, erzählt lebhaft davon, wie sie der Mutter im Haushalt hilft, sie zum Einkaufen begleitet, auch um die Taschen zu tragen, aber auch, weil sie es genießt, wenn sie sich ein wenig leisten können. Ganz toll findet es Karina, dass es in ihrer Nähe den Kleidungsdiscounter »KIK« gibt, den hat sie mehrfach fotografiert, denn dort kann sich auch ihre Mutter etwas Schönes kaufen. Sie selbst stöbert gerne im »1 Euro Laden« im Stadtzentrum.

Was Resilienz bedeutet

Die kleinen Episoden aus dem Leben von Kindern wie Peter, Rhina oder auch Karina können vielleicht einen kleinen Eindruck davon geben, wie sehr sie auf die Fürsorge von Erwachsenen angewiesen sind, und warum sie selbst zuweilen in die Situation kommen, fürsorglich gegenüber ihren Müttern oder Vätern und oft gegenüber den jüngeren Geschwistern zu sein. An Peters Lebensgeschichte lässt sich außerdem ablesen, dass Kinder auch die Möglichkeit haben müssen, andere verantwortungsvolle Erwachsene als fürsorglich zu erleben: Es muss demnach weitere Orte, die Schule, aber eben auch offene Einrichtungen der Kinder- und Jugendhilfe geben, in denen sie auf solche Erwachsenen treffen.

Für die Bedeutung von verlässlichen Menschen auf dem Lebensweg eines Kindes, die an einem auch unter widrigen Verhältnissen interessiert sind, gibt es in der Forschung einen Begriff, den ich bereits im Zusammenhang mit den Erinnerungen von Paula Fox angesprochen habe: Resilienz.

Unter Resilienz versteht man die Fähigkeit eines Menschen, auch unter prekären Verhältnissen ein gutes Leben zu führen, trotz traumatischer Erlebnisse in der Kindheit weiterhin an sich zu glauben und der Welt offen gegenüber zu treten. Nun mag man zu Recht einwenden, dass es Verhältnisse gibt, die dies nahezu unmöglich machen. Ist es dann nicht zynisch, von Resilienz auszugehen, weil es einem Menschen, insbesondere einem Kind sehr viel aufbürdet? Darüber muss man tatsächlich sehr genau nachdenken, und deshalb muss die Forschung über Resilienz stets verbunden sein mit der genauen Beobachtung und Analyse der äußeren Umstände, in denen ein Kind aufwächst und für die es meist nichts kann.

Aber es gibt einen hartnäckigen Befund der bisherigen Resilienzforschung, und der zeigt sich – wie gesehen – in der Biographie von Paula Fox und, soweit sich das sehen lässt, auch in unseren Interviews mit den materiell armen Kindern: *Wenn es wenigstens eine Person gibt, der das Kind vertraut, die sich mit dem Kind beschäftigt, die für es da ist, so ist das ein großer Schutzfaktor.* Insofern kann man immer nur appellieren, dass sich Erwachsene in ihrer Rolle als Tante oder Großvater, als Nachbarin oder Freundin der Familie, aber auch als Lehrer für die Bedürfnisse der Kinder öffnen und aufrichtige Beziehungsangebote machen. Jedes Kind, unabhängig vom Alter, ist auf eine Balance zwischen liebevoller und verlässlicher Fürsorge und einer zur Selbstständigkeit ermutigenden Erziehung als Erfahrungsquelle existenziell angewiesen.

Doch was heißt das für die Erziehung, und wie nehmen Kinder selbst diese wahr? Erziehung ist gerade auch aus der Sicht der Kinder ein äußerst komplexes und interaktives Geschehen, das davon abhängt, was für die Mitglieder einer Familie wichtig ist, wie die sozialen Rahmenbedingungen sind, ob es Geschwister gibt und in welcher Geschwisterfolge ein Kind steht, mit dem die Mutter vielleicht gerade einen Konflikt hat, oder ob es Uneinigkeit in wichtigen Fragen zwischen den Partnern gibt.

Hinzu kommt, dass wir alle meist verschiedene »Schmerzgrenzen« haben. Bei dem einen liegen sie in Fragen der Ordnung, und dann greift der Vater vielleicht eher ein, wenn im Kinderzimmer Spielsachen, schmutzige Socken und die neue Kapuzenjacke zu einem Haufen geknüllt unter dem Bett liegen, bei dem anderen in puncto Ernährung, und hier kommt es dann schneller zu erzieherischen Maßnahmen und Maßregelungen, wenn das Gemüse wieder auf dem Teller bleibt, dafür aber dem Schokopudding zugesprochen wird. Auch Kinder reagieren individuell auf die Erziehungsbemühungen ihrer Eltern, wissen aber meist sehr genau, welche Dinge der Mutter oder dem Vater besonders wichtig sind.

Was Kindern selbst vor allem am Herzen liegt, können wir anhand unserer Ergebnisse aus den beiden World Vision Kinderstudien (2007; 2010) sehr schön nachzeichnen: Kinder, ob klein oder schon im Schulalter, wünschen sich liebevolle, ihnen zugewandte und fürsorgliche Eltern, zugleich aber möchten sie auch Freiheiten beispielsweise bei der Frage, wie sie ihre Freizeit gestalten. Demnach ist Kindern eine Art Gleichgewicht zwischen der Fürsorge von Erwachsenen und ihnen zustehender Freiheit und Selbstbestimmung wichtig. Dieses Gleichgewicht der Erziehung soll im Folgenden aus der Perspektive von Kindern näher beschrieben werden. Zunächst geht es um den Eindruck, dass Kinder sehr genau registrieren, was ihren Eltern in der Erziehung besonders wichtig ist. Als Beleg dafür möchte ich wieder unsere Portraits aus den World Vision Studien heranziehen.

Fürsorge und Selbstbestimmung aus der Sicht von Kindern

Im Zentrum des Interviews stand das bereits im ersten Kapitel beschriebene Spiel. Auf dem Fußboden sollten die Kinder ihre ganz eigene psychosoziale und räumliche »Welt« aufstellen, dort, wo sie zuhause sind, wer mit ihnen dort lebt, wo sie sonst den Tag verbringen, welche Personen für sie eine Bedeutung haben usw. Das haben alle Kinder mit großer Begeisterung gemacht und sie sind dabei meist munter ins Erzählen gekommen. Wenn sie alles aufgebaut hatten, durften sie bestimmte Personen, die einen besonderen Status besitzen, auf ein Podest stellen, auch das wurde gerne und meist ohne zu zögern erledigt. Einige Kinder stellten die Eltern auf ein Podest, andere erhöhten die Freunde, manchmal kam auch eine Lehrerin in den Genuss, oder die Großmutter wurde auf ein Podest gehoben, manchmal fand ein Kind auch sich selbst durchaus wichtig genug. Hier ist die »Aufstellung« des zehnjährigen Sebastian zu sehen.

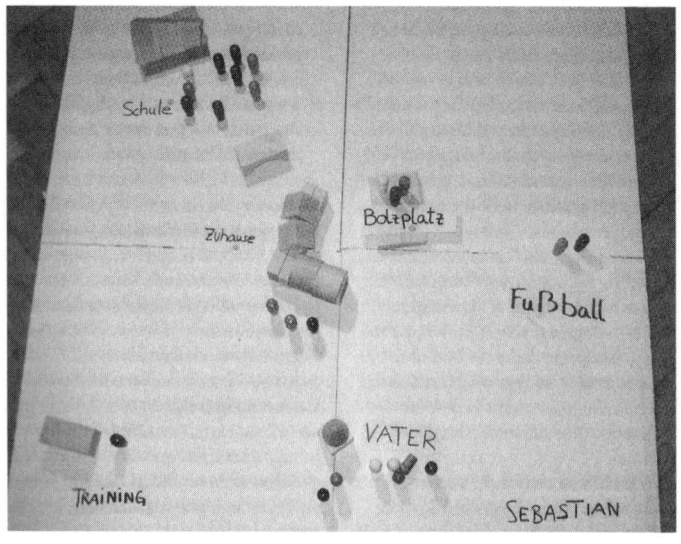

Sebastian wohnt mit seiner Mutter und ihrem Lebensgefährten auf einem großen Grundstück am Rande eines Dorfes. In dem Dorf kann er sich frei und relativ selbstbestimmt bewegen. Wichtig ist ihm, dass nah an seinem Zuhause ein »Bolzplatz« zur Verfügung steht. Neben seinem Zuhause werden das Haus seines leiblichen Vaters, die Schule, der Fußballclub und das Konzentrationstraining aufgebaut. Überall stellt er ihm wichtige Personen, Erwachsene und Gleichaltrige, auf. Besonders wichtig sind ihm neben seinen Eltern, seine Lehrerin und der Schulleiter sowie drei Freundinnen und zwei Freunde.

Zu Beginn des Interviews wurden die Kinder in der zweiten World Vision Studie zunächst aufgefordert, sich einem fremden Kind vorzustellen und diesem zu erzählen, wer sie sind, was sie machen, welche Dinge sie schätzen.

Daran anschließend haben die Kinder beschrieben, was sie »gestern« gemacht haben und was sie so am Wochenende unternehmen, und daran schloss die Bitte an, mit Hilfe von Zeitstreifen einmal zu konkretisieren, wofür sie wie viel Zeit verwenden: Subjektiv hatte jedes Kind das Gefühl, am meisten Zeit beanspruche die Schule, und fast alle äußerten sich auch dazu, wie viel selbstbestimmte Zeit ihnen zur Verfügung steht. An diesem Thema und an den Aufgaben, die Kinder übernehmen, kann dargelegt werden, wie Kinder ihre Eltern und indirekt die Erziehung ihrer Eltern einschätzen, eben in dem hier stark gemachten Verhältnis von Fürsorge und Freiheit.

Der sechsjährige Ben, der mit seiner Mutter und ihrem neuen Partner in einer schönen Wohnung wohnt, der aber auch regelmäßigen Kontakt zu seinem leiblichen Vater hat und diesen ohne große Umstände sehen kann, weil er nur wenige Straßen weiter wohnt, erzählte uns von seinen Pflichten. Ben muss beim Auf- und Abräumen des Tisches helfen, und aus seinen Erzählungen wird deutlich, dass der Familie das gemeinsame Abendessen wichtig ist und Ben hier sehr eingebunden wird. Insbesondere die Mediennutzung ist für Ben ebenso wie für fast alle anderen Interviewpartner auch, ein »heißes Eisen«, denn sie wollen gerne darüber bestimmen können, doch wie im Fall Bens überwachen viele Eltern den Medienkonsum. Aber Ben findet nicht nur Medien toll, er liebt es auch, am Wochenende mit der Mutter zu spielen und er wünscht sich, »dass Mama nicht so lange am Wochenende arbeitet«. (World Vision 2010, S. 246).

Bei der sechsjährigen Cora wird die von den Eltern vorgenommene Mischung aus Fürsorge und Freiheit ebenfalls sichtbar. Die Mutter weckt sie früh morgens, aber anziehen kann sich die Sechsjährige schon selbst, der Computer- und Fernsehkonsum wird überwacht, aber in der Wohnsiedlung darf sie sich selbstständig bewegen und sich mit ihren

Freundinnen treffen. Die Eltern beziehen ihre Tochter aktiv in bestimmte Entscheidungen mit ein oder fragen sie nach ihrer Meinung, aber Cora selbst fände es auch mal gut, nicht vorher immer fragen zu müssen. Cora darf sich das natürlich wünschen, aber die Eltern müssen stets abwägen, welche Freiheiten sie dem Kind eröffnen und vor allem wo ihre Verantwortung als Erwachsene liegt. Es ließen sich noch zahlreiche andere Geschichten aus den Interviews anfügen, etwa die von der siebenjährigen Josephine, deren Mutter als Verkäuferin arbeitet und zeitlich ziemlich eingespannt ist. Die Mutter selbst hat wenig freie, selbstbestimmte Zeit zur Verfügung. In dieser Familie kommt es sehr darauf an, dass die Organisation des Alltags klappt und für viele gemeinsame Freizeitaktivitäten haben die Eltern keine Ressourcen. Trotz der zeitlichen Einbindung in ihren Job und den daran anschließenden familiären Verpflichtungen, hat Josephine aber das Gefühl, dass ihre Mutter »eigentlich immer da ist« (World Vision 2010, S. 269). Ganz anders ist das bei Sammy, der zur Zeit des Interviews in einem Heim der Kinder- und Jugendhilfe untergebracht war, seine Mutter nur am Wochenende treffen kann und dort dann das Zusammensein sehr genießt. Sammys größter Wunsch aber ist es, bald wieder bei der Mutter wohnen zu können, seinen Vater zu treffen und seine beiden Halbbrüder, von denen jeder, wie Sammy es nennt, einen »eigenen Vater« hat.

In allen Interviews geben die Kinder ihre Sicht auf den Familienalltag, auf Dinge, die der Familie wichtig sind und damit auf bestimmte Erziehungsstile ihrer Eltern wieder. Insbesondere an der Organisation des Alltags zeigt sich, wie Kinder Fürsorge und Freiheit ganz konkret erfahren. Befragt man sie in etwas abstrakterer Weise, fällt es ihnen mitunter schwer, darauf zu antworten, aber es finden sich zahlreiche Hinweise darauf, dass die Kinder die konkreten, alltäglichen Bemühungen ihrer Eltern erkennen und auch anerkennen.

Doch man sollte sich keiner Illusion hingegeben im Hinblick auf das Ausmaß der Selbstbestimmung in der so genannten mittleren Kindheit, also zwischen sechs und etwa zwölf Jahren: Die Kinder benennen auf die Frage, wer denn »Bestimmer« sei, meist nur Erwachsene. Darunter sind aber keineswegs nur ihre Eltern, sondern insbesondere die Erwachsenen in Schulen und anderen Einrichtungen. Insofern sind Eltern, Lehrkräfte oder Erzieherinnen zu ermuntern, ruhig mehr von ihrer Machtposition abzugeben. Wohlgemerkt, es geht nicht um ein Ausspielen des einen gegen das andere, Kontrolle versus Unbeschränktheit, Fürsorge versus Freiheit, es sind stets beide Dimensionen, die Kinder benötigen.

Kapitel 5

Kinder brauchen Beziehungen
Was wir von ausgesetzten Kindern gelernt haben

Wolfskinder

Eine Grundannahme der Pädagogik ist die Bildsamkeit des Menschen. Nur wenn man voraussetzt, dass sich ein Kind oder Jugendlicher durch pädagogische Maßnahmen verändert und möglichst weiterentwickelt, ergeben all die pädagogischen Bemühungen um die Heranwachsenden einen Sinn. Seit dem 18. Jahrhundert befasst man sich intensiver mit der Idee der, wie es im Französischen heißt, »perfectibilité«, also der Fähigkeit des Menschen, sich zu vervollkommnen. Heute sprechen wir allerdings eher von der menschlichen Entwicklungsfähigkeit und nicht mehr von seiner Vervollkommnung. Um sich zu entwickeln, benötigt der Mensch bestimmte Anlagen. Es ist demnach auch seine Natur, die den Menschen in die Lage versetzt zu lernen und Ziele zu erreichen. *Aber die Natur schafft das selbstverständlich nicht allein, denn das menschliche Wesen ist elementar auf das Miteinander, auf den Austausch mit anderen Menschen und auf die von den Menschen erzeugten Kulturgüter angewiesen.* Eine interessante Frage im Zusammenhang mit diesem Buch über das Glücklich Sein in der Kindheit ist allerdings, ob wir aus der menschlichen Natur ableiten können, was zu einem guten Leben dazu gehört. Dies hat die Philosophin Martha Nussbaum zu begründen versucht und dafür eine Liste zur Bestimmung des guten Lebens erstellt (Nussbaum 1999). Zu dieser Liste des guten Lebens gehört auch die Fähigkeit, mit anderen Menschen zusammen zu sein, sich mit ihnen verbunden zu fühlen, Freude oder Trauer zu empfinden, Nähe zu suchen, aber auch seine eigenen Lebensvorstellungen zu entwickeln. Martha Nussbaum hält außerdem die Fähigkeit, lachen und spielen zu können, für einen unverzichtbaren Bestandteil des guten Lebens, egal wo Menschen sich aufhalten und in welcher Region dieser Erde sie nach dem Glück streben. Es gibt keine ernsthafte Theorie über den Menschen, die vertreten würde, dass wir uns in totaler Isolation wirklich entfalten könnten. Dies trifft vor allem für die Phase des Aufwachsens zu, denn hat man je davon gehört, ein Kind sei überlebensfähig, ohne je Kontakt mit anderen Menschen gehabt zu haben?

Geschichten von ausgesetzten Kindern, die von Wölfen ernährt wurden, faszinieren aber seit Menschengedenken und sie gehören zu den alten Mythen, wie etwa die Gründung Roms durch Romulus und Remus, die von einer Wölfin aufgezogen wurden, und zur modernen Literatur. Ein wahrscheinlich allen Kindern bekanntes Beispiel dafür ist die Geschichte von Mogli aus Rudyard Kiplings »Dschungelbuch«. Alles was man aber von so genannten »Wolfskindern« aus der Forschung und der Beobachtung weiß, widerspricht jedoch den Erfahrungen Moglis und seinem glücklichen Ende. Denn Mogli, dem im Dschungel klar gemacht wird, dass er ein Mensch ist und nicht unter Wölfe und andere Tiere gehört, kehrt zurück in die menschliche Gemeinschaft und wird dort integriert.

Ein sehr eindrucksvolles Beispiel aus unserem Kulturkreis ist die Geschichte von »Kaspar Hauser«. Kaspar Hausers Leben hat schon zu seinen Lebzeiten sehr viel Aufmerksamkeit erregt und danach Generationen von Pädagogen, Psychologen, Juristen und Historikern beschäftigt. Gerade die Geschichtsforschung ist an der Frage interessiert, ob es sich bei dem Jungen namens Kaspar Hauser, der mit sechzehn Jahren wie aus dem Nichts auf dem Nürnberger Marktplatz auftauchte, um einen tot geglaubten Badener Prinzen handelte. Diese Geschichte ist schnell erzählt: Der Erbprinz Karl von Baden heiratete Napoleons Nichte und Adoptivtochter Stephanie Beauharnais im Jahre 1806. 1812 kam ihr erster Sohn zur Welt, der aber vermutlich infolge einer Intrige um die Erbfolge – dabei ging es um eine uneheliche Nebenlinie – gegen ein anderes todkrankes Kind ausgetauscht wurde. Dieses erkrankte Kind starb und wurde als Erbe der Dynastie beerdigt. Der echte Prinz wurde an einen unbekannten Mann übergeben. Sechzehn Jahre später, 1828, tauchte plötzlich ein Junge auf. Er war des aufrechten Gangs, des Sprechens, Lesens und Schreibens kaum mächtig. In Nürnberg und bald im ganzen Land entstanden Gerüchte, es handle sich um den badischen Prinzen.

Der Junge hatte ein Blatt Papier bei sich, das ihn als Waisenkind und Sohn eines Tagelöhners auswies, und er gab zu verstehen, dass er in einem dunklen und sehr niedrigen Verlies gelebt habe. Regelmäßig sei ein Mann gekommen, habe immer nur kurz nach dem Rechten geschaut und ihn mit dem Nötigsten versorgt. Verschiedene Bürger nahmen sich daraufhin dieses Kindes an, aus Nächstenliebe, aber auch aus einem echten Forschungsinteresse. Denn die Zeitgenossen vermuteten nach den ersten Begegnungen mit dem Jungen, dass seine Geschichte der Wahrheit entsprach und er tatsächlich ohne intensiven menschlichen Kontakt aufgewachsen sein musste. Auch der Streit um seine adlige Herkunft erhielt genügend Stoff, denn nach einem ersten Mordanschlag auf den Jugendlichen im Jahre 1829, folgte ein zweites Attentat 1833, das Kaspar Hauser nicht überlebte. Ob es sich um den badischen Prinzen gehandelt hat, soll hier nicht weiter Gegenstand der Betrachtung sein, vielmehr ist Kaspars Leidensgeschichte ein eindrucksvolles

Beispiel für das existenzielle Bedürfnis des Menschen nach Artgenossen. Schon damals interessierte man sich nicht nur für die badische Thronfolge, sondern vor allem für allgemeine Erkenntnisse über die menschliche Entwicklung anhand des Einzelschicksals von Kaspar Hauser.

Der anerkannte zeitgenössische Jurist Anselm Feuerbach verfasste eine Schrift über die Entwicklung Hausers nach seinem Auftauchen und er charakterisierte das Schicksal des Jünglings als das eines Menschen, dem man die Kindheit weggenommen habe. Die Folge dieser verhinderten Entwicklung sei die Tatsache, dass der junge Mann hinsichtlich seiner Fähigkeiten und Reife im Stadium eines Kleinkindes stehen geblieben war. Diese Einschätzung bestätigte auch ein Gefängniswärter, bei dem Kaspar Hauser die ersten Wochen nach seinem Auftauchen verbracht hatte: »Sein ganzes Benehmen war sozusagen ein reiner Spiegel kindlicher Unschuld; er hatte nichts Falsches an sich; wie es ihm ums Herz war, so sprach er sich aus, soweit es nämlich seine dürftige Sprache zuließ. Einen sicheren Beleg seiner Unschuld und Unwissenheit gab er auch bei Gelegenheit, als ich und meine Frau ihn das erste Mal entkleideten und seinen Körper reinigten; sein Benehmen war hierbei das eines Kindes, ganz natürlich und ungeniert.« (Feuerbach 1981, S. 479)

In dem Moment aber, in dem er mit anderen Menschen in einen intensiven Kontakt trat, holte Kaspar Hauser die Entwicklungsschritte nach: Er lernte sprechen von dem jüngeren Sohn des Wärters, alle Mitglieder der Familie brachten ihm alltägliche Verrichtungen bei, indem sie ihm etwas zeigten, ihm vormachten wie man sich kämmt, wäscht, den Tisch deckt oder einen Schlüssel im Schloss umdreht. Viele Dinge übten sie immer wieder mit dem Jungen. Kaspar Hauser lernte offensichtlich schnell und seine Fähigkeiten und Auffassungsgabe faszinierten auch den Chronisten Feuerbach.

So wurde schon den Zeitgenossen an Kaspar Hauser Folgendes deutlich vor Augen geführt: *Kinder lernen nur, wenn sie von anderen Menschen umgeben sind, wenn mit ihnen gesprochen, ihnen etwas erklärt und gezeigt wird, wenn sie selbst handeln können mit anderen, menschliche Wärme und Nähe erleben.* Was die Wissenschaft schon vor diesem spektakulären Fall interessierte, waren Fragen wie die nach der Ausbildung der Sprache des Kindes, nach seinem sozialen Lernen im Unterschied zu den Instinkten der Tiere und nach der Entwicklung des Menschen hin zu einem moralischen Wesen.

Trennungserfahrungen

Anhand der Geschichte von Kaspar Hauser ließen sich schon damals zahlreiche Rückschlüsse ziehen und auch Schlussfolgerungen für den praktischen Umgang mit Kindern formulieren. Doch es dauerte sehr lange, bis man entscheidende Konsequenzen zog. Wie sehr Kinder von Geburt an auf menschliche Nähe, auf Ansprache und Körperkontakt angewiesen sind, ist erst seit einigen Jahrzehnten in vollem Umfang klar. So hat es beispielsweise bis weit in die zweite Hälfte des zwanzigsten Jahrhunderts hinein gedauert, bis man Säuglinge in Kliniken nicht von ihren Eltern trennte oder Kinder in Heimen nicht wie am Fließband versorgte. Inzwischen ist es den Eltern zum Beispiel erlaubt, während eines Klinikaufenthalts bei ihrem erkrankten Kind zu bleiben. Viele ältere Menschen aber können heute noch eindrucksvoll über ihre Gefühle und die bedrückende Situation berichten, wenn sie sich von ihrem weinenden und sich an sie klammernden Kind in der Klinik verabschieden mussten. Manche Mutter und mancher Vater wird immer noch das traurige Gesicht des Kindes, durch eine Glasscheibe von den Eltern getrennt, vor

Augen haben. Ohne Zweifel haben die Kinder gelitten, weil sie gerade in einer Krisensituation auf sehr viel Nähe und vertraute Menschen angewiesen sind. Welche langfristigen Folgen solche Erfahrungen haben konnten, hing aber auch von der Dauer des Aufenthalts, von der Beziehung zu den Eltern oder anderen Erwachsenen vor der Trennung und der Zeit nach dem Klinikaufenthalt ab.

Es waren vor allem die Studien zum so genannten »Hospitalismus«, die auf die Folgen einer kontaktarmen und radikal distanzierten Behandlung von Kindern in Kliniken oder in der Heimerziehung aufmerksam machten und die zu einem Bewusstseinswandel beitrugen. Ein wichtiger Forscher zu der nachhaltigen Schädigung des Kindes durch abrupte Trennung von zentralen Bezugspersonen und der Gefahr der emotionalen Vernachlässigung war René A. Spitz. Spitz (1946) untersuchte von ihren Müttern getrennte Kinder in einem Frauengefängnis und einem Findelhaus. Folgende Reaktionen beobachtete Spitz an Säuglingen zwischen dem sechsten und dem achten Monat nach einer Trennung von der Mutter: stundenlanges Weinen, heftiges Schreien, Gewichtsverlust, die erreichte Entwicklung stagnierte, Schlafstörungen, motorische Verlangsamung, starrer Gesichtsausdruck und Verweigerung von Kontaktaufnahme.

Spitz beobachtete weitere Veränderungen, und zwar nachdem die Kinder wieder in die Familie gekommen waren: Wenn Kinder vor Ablauf eines halben Jahres wieder mit der primären Bezugsperson zusammen kämen, erholten sie sich langsam wieder. Geschehe dies nicht, so die Schlussfolgerung des Forschers, verschlechtere sich die Lage des Kindes ganz beträchtlich und dies könnte bis zum Tod führen. Dieser war verursacht durch den gravierenden Mangel an emotionaler Zuwendung. Manche werden sich bei der hier nur knapp gehaltenen Beschreibung der Studien von Spitz vielleicht an jene grausamen Fotografien aus rumänischen Waisenhäusern, die nach dem Sturz des Ceausescu Regimes um die Welt gingen, erinnern. Kleinere und größere Kinder in nackten Gitterbetten, mit starren Gesichtern, oft abgemagert, in eine Ecke gekauert oder heftig mit dem Oberkörper wippend, zeigten der Welt, dass sie zwar mit den nötigen Nahrungsmitteln versorgt waren und ein Bett hatten, aber ihnen fehlte jede menschliche Wärme. Wenn Kinder nie in den Arm genommen, nie getröstet, nie persönlich angesprochen werden, so verkümmern sie. Diese Erkenntnis ist zum Glück für Kinder mittlerweile weit verbreitet, aber manchmal kann dies auch zu großen Ängsten bei Müttern oder zu deterministischen Vorstellungen führen.

Bringt heute eine Frau ihr Kind in einer Geburtsklinik zur Welt, so hat sie meist die Möglichkeit zum »Rooming-In«, das heißt, ihr Neugeborenes liegt bei ihr im Zimmer, und sie kann es direkt versorgen. Vor allem die bindungstheoretischen Annahmen haben mit zu dieser Umstellung in Kliniken beigetragen. Dahinter stand auch die Annahme, dass gerade die frühe Bindung zwischen Mutter und Kind prägend für die weitere Bindung des Kindes sei, darum spricht man hier auch von »Prägungsbindung«. In der neueren Forschung geht man zudem davon aus, dass die Bindungsbereitschaft der Mutter durch ein Hormon, das Oxytocin, mit ausgelöst wird.

Diese Möglichkeiten zum frühen intensiven Kontakt zwischen Mutter, Vater und Kind können für alle sehr schön sein, aber man sollte sie nicht verabsolutieren und denken, die Entwicklung eines Kindes sei ohne »Rooming-In« ein für alle Mal beeinträchtigt. Es kann rund um die Geburt eines Kindes immer zu Situationen kommen, in denen die Mutter nicht sofort in der Lage ist, sich intensiv um den Säugling zu kümmern. Manchmal benötigen Frauen viel Ruhe oder aber das Kind muss medizinisch versorgt werden. Trotzdem kann eine gute Bindung zwi schen Mutter und Kind und Vater und Kind entstehen. Auch neuere empirische Befunde machen deutlich, fehlender Frühkontakt, kein Rooming-In oder die Abwesenheit des Vaters bei der Geburt führen nicht zwangsläufig zu einer langfristigen Beeinträchtigung in der Eltern-Kind Bindung. Vieles hängt von späteren Erfahrungen mit den Eltern ab, aber auch von anderen Beziehungen im Lebenslauf (Suess 2011).

Was ein Tierexperiment über die Bedeutung der Mutterliebe lehrte

Es finden sich in der Geschichte der Bindung noch weitere Bilder, neben denen aus den rumänischen Waisenhäusern, die durchaus verstörend wirken und eine Erklärungskraft für unsere Thematik in diesem Kapitel besitzen. Dabei handelt es sich um Filmausschnitte, die den US-amerikanischen Psychologen und Verhaltensforscher Harry Harlow in den 1950er und 1960er Jahren mit seinen Versuchstieren, den Rhesusaffen zeigen. Harlows Experimente mit den Äffchen sind seit langem forschungsethisch umstritten, und insbesondere Tierschützer hat Harlow schon früh gegen sich aufgebracht. Aber Harlows Studien haben der bereits im vorigen Kapitel behandelten Bindungstheorie den Weg mit bereitet. Die Wissenschaftsforscherin Deborah Blum beschreibt seine Arbeiten gar als Beitrag zur Entdeckung der Mutterliebe (Blum 2010).

Was hat Harlow interessiert? Im Unterschied zu den Psychologen seiner Zeit, die sich nicht für Emotionen interessierten und sie in Romane und Filme verbannten, widmete sich Harlow explizit den Gefühlen des Menschen und ihren Bedeutungen. Dabei befasste er sich vor allem mit den Gefühlen zwischen den Generationen, zwischen Eltern und ihren Kindern. Harlow wollte wissen, welche

Gefühle unser Herz beeinflussen, und es wird gerne die Aussage von ihm überliefert, dass man ein Herz brechen müsse, um es verstehen zu können (Slatter 2005). Den Müttern seiner Affenversuche hat er sicherlich das Herz gebrochen, denn er hat sie rigoros von ihren Jungen getrennt. Sieht man sich in den Filmausschnitten diese kleinen, von den leiblichen Müttern getrennten Äffchen an, rührt das auch das Herz der Betrachterin. Harlow trennte die neugeborenen Äffchen unmittelbar nach der Geburt von ihren Müttern und sperrte sie in einen Käfig mit einer nackten Drahtmutter, bei der sie Milch trinken konnten und einer mit einem kuscheligen Stoff überzogenen Drahtmutter. Wie die Äffchen damit zurechtkamen, ob sie die nackte, aber Milch spendende Drahtmutter akzeptierten und bei wem sie Schutz und Trost suchten, waren die Beobachtungsperspektiven des Verhaltensforschers. Harlow konnte zeigen, wie die Abwesenheit einer Mutter aus Fleisch und Blut die Entwicklung des Kindes beeinflusst: Erstens lernten die Äffchen blitzschnell, wo und wie sie Nahrung erhielten. Zweitens aber mieden sie die nackte Mutter und hielten sich nur bei der kuscheligeren Drahtmutter auf. Insbesondere wenn ihnen in verschiedenen Versuchsanordnungen Angst eingejagt wurde, etwa durch eine riesige Maske im Käfig, suchten sie kreischend Schutz bei der kuscheligen Drahtmutter. Drittens aber musste Harlow erkennen, zwei Drahtmütter, die Nahrung geben und auch kuschelig sind, können keine echte Mutter ersetzen.

Zunächst dachte Harlow, man könne den Rückschluss ziehen, dass die echte und vor allem lebendige Mutter nicht ständig anwesend sein müsse. Solange die Grundbedürfnisse befriedigt seien, würden die Äffchen gedeihen. Als dann die Äffchen etwas älter und spätestens als sie geschlechtsreif wurden, entdeckte Harlow allerdings, dass er ganz und gar asoziale Wesen in seinem Käfig herangezogen hatte. Die herangewachsenen Affen mieden jeden Kontakt, lausten sich nicht gegenseitig und vor allem verweigerten sie die Paarung. Eine normale Entwicklung ist nur mit einer auf die Jungen reagierenden, sie in Handlungen einbeziehenden Affenmutter möglich. Harlow schlussfolgerte, dass eine normale Entwicklung nur möglich ist, wenn die erwachsenen Affen responsiv sind, das heißt, wenn sie auf die Jungen reagieren, ihnen antworten, sie berühren, sie anblicken, sie lausen, sie streicheln und im Arm wiegen. All das haben die Drahtmütter nicht getan, und darum konnten sich Harlows Rhesusaffen nicht entfalten. Sieht man sich die alten Filmaufnahmen mit den Affen in ihren Käfigen an, so bleibt man nicht unberührt von ihrer völligen Orientierungslosigkeit. In einem Zeitungsinterview 1961 schlussfolgerte Harlow deshalb: »Wenn Affen uns etwas gelehrt haben, dann, dass man lernen muss, wie man liebt, bevor man lernt, wie man lebt.« (zit. bei Blum 2010, S. 255)

Die Bindungstheorie hat folglich wichtige Erkenntnisse geliefert, und einer ihrer zentralen Begründer, John Bowlby, hatte sie nicht zuletzt deshalb formuliert, um eine gute Orientierung für den Alltag mit Kindern geben zu können. Die Bindungstheorie wurde und wird immer wieder auch herangezogen, wenn es um die Frage geht, ob Krippenerziehung den Kindern nutzt oder schadet. Hier sollte aber ein Missverständnis ausgeräumt werden: *Die Aussagen der Bindungstheorie haben noch nie ausgereicht, pauschal für oder aber pauschal gegen die Krippenerziehung zu sein.*

Anders als noch vor einigen Jahrzehnten geht man heute in der Forschung mit Blick auf die Bindungen der Kinder nicht von einem ein für alle Mal prägenden Vorgang aus, sondern unterstellt weitere Lernprozesse des Kindes im Laufe seiner Entwicklung und betont die sozialen Kontexte, in denen ein Kind sich bewegt, Erfahrungen sammelt und Beziehungen erfährt. Die frühen Bezugspersonen sind zwar sehr wichtig für die kindliche Entwicklung, aber sie sind es bei Weitem nicht allein. Beachtenswert sind allerdings bindungstheoretische Untersuchungen zu den sensiblen Phasen für die Entwicklung von Bindungen. Wann besonders sorgsam auf Bindungen zu achten ist, wann Kinder möglicherweise anfälliger sind, wird mit dem Blick auf sensible Phasen zu beantworten versucht. Ich möchte hier deshalb aus einer neuen Expertise zitieren: »Die derzeit verfügbare Datenlage spricht demnach für eine kritische Periode in der Bindungsentwicklung im weiteren Sinne vom sechsten bis zum 24. Lebensmonat und im engeren Sinne vom zwölften bis zum achtzehnten Lebensmonat. Verfügt ein Kind in dieser Lebensphase nicht über die Möglichkeit zu einer speziellen Bindungsbeziehung, sind die schädigenden Einflüsse bis in die körperliche Entwicklung hinein bemerkbar. Selbst wenn diese Entwicklungsphase eine besonders kritische darstellt, so ist die Bedeutung von Bindungsprozessen nicht allein darauf beschränkt, sondern spielt im gesamten Lebenslauf eine Rolle, gleichsam von der Wiege bis zur Bahre.« (Suess 2011, S. 11)

Vor dem Hintergrund dieser Forschungslage ist die Bedeutung von Bindung zu primären Bezugspersonen keineswegs geschmälert. Kinder sind auf Bindungen angewiesen und sie durchlaufen in den ersten Lebensmonaten kritische Phasen. Aber selbst wenn eine kritische Situation eintritt, eine Krise ausgelöst wird, etwa weil ein längerer Krankenhausaufenthalt der Mutter nötig ist, der Vater für mehrere Wochen ins Ausland muss oder aber beide Elternteile sehr in die Pflege kranker Angehöriger eingebunden sind, führt das nicht zwangsläufig und automatisch zu einer Schädigung des Kindes. Die Annahme einer Schädigung belastet Eltern häufig zusätzlich sehr stark, weil sie Schuldgefühle auslöst und die sind meistens kontraproduktiv. Vergleichbares gilt für die Krippenerziehung, sie führt nicht alternativlos zu unsicheren Bindungen, wer das behauptet, hat andere Interessen, und diese dienen weder dem Kind noch der Mutter oder dem Vater. Die Bedeutung der Bindung zu den nahen Bezugspersonen ist hoch zu bewerten, aber wir müssen stets den gesamten Kontext, in dem ein Kind steht, berücksichtigen. Das Bindungsgeschehen ist ein lebenslanger Prozess und nicht in der frühen Kindheit abgeschlossen.

Worauf wir angewiesen sind

Die Natur des Menschen, seine Anlage, aber auch die bloße Versorgung mit Nahrung und der Schutz vor Witterung reichen, das zeigen die Geschichten von »Wolfskindern«, nicht aus, um Kinder zum Wachsen und Lernen zu befähigen. Dies ist eine der grundlegenden und wissenschaftlich breit belegten Erkenntnisse über die menschliche Entwicklung. Anhand dieser Geschichten und Erkenntnisse finden sich wichtige Hinweise auf die Frage, was Kinder für ein glückliches Aufwachsen benötigen.

Im Vergleich zu anderen Säugetieren ist der Mensch ein »anthropologisches Mängelwesen«, er kann sich nicht allein versorgen, kommt nackt auf die Welt, muss gefüttert werden und kann bei Gefahr nicht weglaufen. Als »anthropologische Mängelwesen« sind wir also unabdingbar auf Schutz, Pflege, Fürsorge angewiesen. Menschen sind sodann aber auch von einer grundlegenden emotionalen Zuwendung abhängig, das heißt, schon das Neugeborene kommuniziert, es sucht nach dem »Glanz im Auge der Mutter«, wie dies Heinz Kohut nannte. Durch diesen Glanz im Auge der Mutter als empathische Reaktion auf die Existenz und Äußerungen des Säuglings erfährt dieser seine Einzigartigkeit und Erwünschtheit. Die Augen können sprechen, ebenso wie Mimik und Gestik, aber auch Laute und die Ansprache sind zentral für die Entwicklung des Säuglings. Und damit stoßen wir wieder auf das Gewicht der Sprache und des Sprechens. *Beides, zu sprechen und angesprochen zu werden, ist für Kinder stets mehr als das Erlernen von Vokabeln und Grammatik. Vor allem erfahren sie durch die Sprache und Ansprache Anerkennung und Selbstwertgefühl.* Im Mittelalter hatte der Stauferkaiser Friedrich II. in seinem Forscherdrang Ammen angewiesen, Neugeborene und Kleinkinder zwar zu stillen und zu füttern, sie zu pflegen und sie sauber zu halten, aber kein Wort mit ihnen zu sprechen. Friedrich hatte die Idee, dass sich dann möglicherweise eine Art Ursprache, an die er glaubte und nach der er suchte, in den Kindern entfalten würde. Aber der Kaiser hatte sich getäuscht, mit drastischen Folgen für seine Forschungsobjekte: die sprachlich vernachlässigten Kinder starben im Zuge des Experiments. Ohne Ansprache aufgezogen zu werden, kommt einer emotionalen Vernachlässigung gleich.

Ein anderer Wissenschaftler, der diese Phänomene auch anhand der gesamten menschlichen Entwicklung, der Evolution, zu erklären versuchte, war Charles Darwin. Darwin schrieb in der zweiten Hälfte des 19. Jahrhunderts nicht nur die Abstammungsgeschichte des Menschen, sondern stellte sich auch anderen Fragen, etwa wie es zur Moralfähigkeit des Menschen – etwas, was ihn grundlegend vom Tier unterschied – gekommen sei. Und auch Darwin misst der Angewiesenheit auf das soziale Miteinander eine enorme Bedeutung bei, denn, so der britische Naturforscher und Evolutionstheoretiker, im Vergleich zu anderen Arten sei der Mensch vergleichsweise klein und schwach. Evolutionstheoretisch und damit langfristig betrachtet, sei dies sein Vorteil gewesen, weil der Mensch immer auf Kooperationen und schließlich auch auf moralisches Handeln angewiesen gewesen sei. In der »Abstammung des Menschen« heißt es: »Kamen zwei Stämme des Urmenschen, welche in demselben Lande wohnten, miteinander in Konkurrenz, so wird, wenn der eine Stamm bei völliger Gleichheit aller übrigen Umstände eine größere Zahl mutiger, sympathischer und treuerer Glieder umfasste, welche stets bereit waren, einander vor Gefahr zu warnen, einander zu helfen und zu verteidigen, dieser Stamm ohne Zweifel am besten gediehen sein und den anderen besiegt haben.« (Darwin 1875, S. 799) Daraus lässt sich auch evolutionstheoretisch schlussfolgern, dass der Mensch in seiner Stammesentwicklung existenziell auf das soziale Miteinander anwiesen ist, und dazu gehört maßgeblich auch die Kommunikation. Diesen an sich sattsam bekannten Befund muss man sich im Umgang mit heutigen Kindern immer wieder klar machen.

Kapitel 6

Kinder sind wissbegierig
Was sie zum Lernen befähigt

Zum Verhältnis von Anlage und Umwelt

Es liegt auf der Hand, dass Beziehungen und Kommunikation auch für das Lernen unserer Kinder wichtig sind. Was die Geschichte von Romulus und Remus oder Mogli, das Leben Kaspar Hausers, die Evolutionstheorie Darwins oder die Hospitalismusstudien von Spitz außerdem eint, ist, dass sie das Grundverhältnis von Anlage und Umwelt, von Natur und Kultur thematisieren. Welche Rolle spielt die Natur, welche die Kultur bei der Entwicklung eines Kindes, und was davon können wir im Sinne kindlichen Glücks beeinflussen? Auf diese Fragen gab es in der Vergangenheit ganz unterschiedliche Antworten und es lassen sich richtige Konjunkturen, in der mal die Dominanz der Natur, mal die der Kultur vorherrschte, nachzeichnen. Auch in der Gegenwart gibt es Debatten, die sowohl in die eine als auch in die andere Richtung ausschlagen. Warum ist dieses Verhältnis für die Frage nach glücklichen Kindern relevant? Aus meiner Sicht verhilft die Frage nach Anlage und Umwelt zu einer Klärung, wie wir kindliches Lernen verstehen und welchen Beitrag wir aktiv dazu leisten können.

Wahrscheinlich beschäftigt alle Eltern die Frage, was ihre Kinder wohl von wem geerbt haben. Hat der Sohn den Orientierungssinn von der Mutter, schlägt die sportliche Begabung der Tochter nach einer Tante, hat sie die Nase

111

vom Großvater? Das sind typische Gesprächsthemen bei Familienfesten oder am familiären Küchentisch. Erwachsene wünschen sich vermutliche alle, dass etwas von ihnen in den Nachkommen weiterleben möge. Aber die Frage nach dem Erbe enthält auch die Frage, was sich eigentlich wirklich sozial und damit auch pädagogisch verändern, beeinflussen, modifizieren lässt.

Da die neue Forschung, etwa die Hirnforschung, über bildgebende Verfahren verfügt, und über hoch komplex angelegte Experimente zu neuen Erkenntnissen kommt, erhält die an sich uralte Suche nach der Verhältnisbestimmung von Anlage und Umwelt neue Nahrung. Als eine Art alltagstaugliche »Faustregel« kann dabei die Annahme gelten, dass sich Anlage und Umwelt die Waage halten und man sich beides nicht strikt getrennt voneinander vorstellen darf. Ein Kind kann mit den besten Fähigkeiten auf die Welt kommen, wenn es nicht die Gelegenheit bekommt, in eine »Liebesaffäre mit der Welt«, wie dies Margret Mahler bezeichnet hatte, einzutreten, wird es die Fähigkeiten nicht zur Entfaltung bringen. (Leuzinger-Bohleber 2009, S. 77)

In dieser sehr komplexen Angelegenheit hilft auch der Blick auf unsere nahen Verwandten. Der bekannte Primatenforscher Michael Tomasello beschreibt dies folgendermaßen: »Die Frage kann also nicht sein, ob man die Natur den Umweltfaktoren gegenüberstellen soll; die Umweltfaktoren sind lediglich eine der vielen Formen, die die Natur annehmen kann. Die für Entwicklungstheoretiker interessante Frage kann deshalb nur sein, wie der Prozeß abläuft, wie die verschiedenen Faktoren ihre verschiedenen Rollen an verschiedenen Stellen der Entwicklung spielen. Bei der Geburt sind Menschenkinder darauf eingestellt, funktionsfähige erwachsene Menschen zu werden: Sie haben die nötigen Gene und leben in einer vorstrukturierten kulturellen Welt, die bereit ist, ihre Entwicklung zu unterstützen und sie bestimmte Dinge auch aktiv zu lehren. Aber an diesem Punkt sind sie noch keine Erwachsene; bis dahin gibt es noch mehr zu tun.« (Tomasello 2002, S. 266)

In solchen Befunden liegt folglich heute die Herausforderung, die Entwicklung des menschlichen Denkens zu beschreiben und zu klären, was wann und wie im Entwicklungs- und Bildungsprozess des Kindes geschieht. Was muss man dabei vor dem Hintergrund der menschheitsgeschichtlichen Evolution sehen, und was als Folge unterschiedlicher kultureller Hintergründe? Dabei geht es heute nicht mehr um eine starre Gegenüberstellung von Anlage versus Umwelt, angeboren oder erlernt. Tomasello führt das stete Zusammenwirken von Anlage und Umwelt unter anderem darauf zurück, dass die menschliche Welt der Kultur nicht unabhängig von der biologischen Welt entstanden sein kann. Außerdem ist Kultur ein vergleichsweise sehr junges Produkt der Evolution. Mit Blick auf unsere Kinder bedeutet das Folgendes: *Kein Kind fängt bei null an, denn der Mensch verfügt über die Fähigkeit zum »kulturellen Lernen«, und damit kann das Kind in die es umgebenden Kultur einsteigen.*

Der Primatenforscher Tomasello hat mit diesen Erkenntnissen im Hintergrund herausgearbeitet, was das menschliche Denken von dem anderer Primaten unterscheidet: Es ist die Fähigkeit, sich tiefer als alle anderen mit anderen Menschen zu identifizieren und dadurch andere in ihren Absichten (Intentionen) und Gefühlen zu verstehen. Zwar sei die menschliche Kognition eine Form der Primatenkognition, denn auch Primaten pflegen ihre verwandtschaftlichen und hierarchischen Beziehungen, und auch sie entwickeln Strategien, wenn sie mit Problemen in der sozialen oder physischen Umwelt konfrontiert sind.

Aber »nach der hier vertretenen Hypothese besitzen Menschen tatsächlich eine artspezifische kognitive Anpassung, die in vielen Hinsichten besonders wirksam ist, weil sie den Prozess der kognitiven Evolution grundlegend verändert.

Diese Anpassung trat an einem bestimmten Punkt der Evolution des Menschen auf… Sie besteht in der Fähigkeit und Tendenz von Individuen, sich mit Artgenossen so zu identifizieren, dass sie diese Artgenossen als intentionale Akteure wie sich selbst mit eigenen Absichten und eigenem Aufmerksamkeitsfokus verstehen, und in der Fähigkeit, sie schließlich als geistige Akteure mit eigenen Wünschen und Überzeugungen zu begreifen.« (Tomasello 2002, S. 254)

Stammesgeschichtlich mussten menschliche Primaten also zunächst ihr spezifisches Verstehen von Artgenossen entwickeln (Phylogenese), sodann mussten sich in der historischen Entwicklung Formen der kulturellen Vererbung durch die Menschen immer mehr kognitive »Güter« anhäuften (Geschichte), entfalten und schließlich muss jedes einzelne Kind alles aufnehmen, was seine Kultur zu bieten hat (Ontogenese).

Wie geht das vor sich?

Schon Neugeborene zeigen eine bestimmte Form der Identifikation mit Artgenossen durch Nachahmung und Protokonversationen. Protokonversationen sind frühe dialogische Interaktionen zwischen dem Säugling und seiner primären Bindungsperson. Ein Säugling tritt über Lautnachahmung in einen Dialog etwa mit der Mutter. Daran anschließend können Kinder mit ungefähr neun Monaten Analogien zwischen sich und anderen herstellen und damit Absichten erkennen. Das wiederum versetzt sie in die Lage, mit anderen Personen an Tätigkeiten, auf die die Beteiligten ihre Aufmerksamkeit richten, teilzunehmen. So lernen Kinder Handlungen anderer zu imitieren und sie erfassen darüber ein Prinzip des Lernens. Auch beim Spracherwerb orientieren sie sich in der Struktur an dem, was sie hören. Sprachliche Symbole haben somit ein intersubjektives Wesen, weil sie von vielen geteilt werden, und über diesen Weg kommen Kinder in die Lage, verschiedene Perspektiven einzunehmen.

Was diese zugegeben sehr knappe Darlegung der neueren Forschung zeigen sollte, ist eine grundlegende Einsicht: *Für Entwicklung und Lernen müssen Kinder in der Lage sein, den anderen in seinen Intentionen zu erkennen und daran anschließend zu reagieren und miteinander zu kooperieren, also in Interaktion zu treten.* Die spezifische Form des menschlichen Denkens liegt nämlich darin, bereits vorwegnehmen zu können, was der andere denken mag und wie er reagieren könnte. Das ist es, was den Menschen von anderen Primaten unterscheidet, aber was er nie allein auf einer einsamen Insel ohne andere Artgenossen ausbilden könnte.

Grundformen des Lernens

In der evolutionstheoretischen Forschung werden drei Grundtypen menschlichen Lernens diskutiert: Imitationslernen, Lernen durch Unterricht und Lernen durch Zusammenarbeit. Bei allen drei Formen geht es auch um das »Zeigen«. Hier schließen auch interessante neueste Forschungen zur künstlichen Intelligenz an. So werden etwa Roboter, die in näherer Zukunft die Pflege von alten Menschen mit unterstützen könnten, anhand von genauen Beobachtungen zwischen Müttern bzw. Vätern und ihren Kleinkindern programmiert. Wie zeigt eine Mutter ihrem Sohn, wie er den Löffel halten soll? Wie gelingt es ihr, die Aufmerksamkeit des Kindes darauf zu richten? Wie zeigt ein Vater seiner Tochter, wie sie ihre Socke über den Fuß ziehen kann usw.? Das sind alltägliche Verrichtungen, über die Eltern vermutlich gar nicht lange nachdenken, die aber zu den Grundformen menschlichen Lernens gehören und auf die ihre Kinder existenziell angewiesen sind.

Mit den Grundformen des Lernens hat sich auch der

Genfer Philosoph Jean-Jacques Rousseau in seinem 1762 erschienenen Erziehungsroman »Emile« ausführlich befasst. Rousseau galt lange als eine Art »Erfinder« der Kindheit und Jugend, weil er im 18. Jahrhundert eine ganz neue Aufmerksamkeit und Sprache für das Besondere dieser Entwicklungsphasen des Menschen fand. Außerdem entwickelte er eine – insbesondere seine weibliche Leserschaft begeisternde – Idee der romantischen Liebe und Ehe. Eine harmonische und auf Liebe basierende Elternbeziehung sollte der Grundstein für jede Erziehung sein, und seither ist diese Idee sicherlich die am weitesten verbreitete Vorstellung junger Menschen, wenn sie sich binden und gemeinsam eine Familie gründen wollen. Wie sich all dies dann im Alltag umsetzen ließ, war auch für Rousseau selbst ein schwieriges Unterfangen, an dem er persönlich jedenfalls scheiterte.

Rousseau verknüpfte seine Erziehungsvorstellungen konsequent mit gesellschaftlichen, ja politischen Maximen. Besonders wichtig war ihm zum Beispiel, dass die leibliche Mutter ihr Kind selbst stillen und es nicht einer Amme geben sollte. Er führte dafür medizinische Gründe an, aber vor allem ging es ihm um die politischen Konsequenzen, denn Rousseau war davon überzeugt, dass Säuglinge buchstäblich mit der Muttermilch die richtige politische Gesinnung aufnehmen würden. Er formulierte solche politischen Gedanken am Vorabend der Französischen Revolution und trat entschieden für die Abfassung eines republikanischen Gesellschaftsvertrags, den sich die europäischen Gesellschaften geben müssten, ein. In diesem Vertragswerk sollten dann die Ideale der bürgerlichen Revolution Freiheit, Gleichheit und Brüderlichkeit festgeschrieben werden, und damit stellte sich mehr denn je die Frage, wie man die nachwachsende Generation zu diesen Tugenden befähigen könne. Für Rousseau lag die Antwort auf der Hand: durch die richtige Erziehung.

Seinen Erziehungsroman »Emile« eröffnete er mit dem

Satz alles sei gut, wie es aus den Händen des Schöpfers komme, alles entarte unter den Händen des Menschen. Und sein ebenfalls im Jahre 1762 veröffentlichtes politisches Manifest »Der Gesellschaftsvertrag« begann mit dem für die Revolution so entscheidenden Satz: »Der Mensch ist frei geboren und überall liegt er in Ketten.« An Rousseau lässt sich folglich sehr gut aufzeigen, wie im Laufe der Geschichte die Frage der Erziehung und des Lernens von Kindern mit gesellschaftlichen Fragen verschränkt wurde. Man kommt außerdem nicht umhin festzustellen, dass das 18. Jahrhundert und die seither aufstrebenden bürgerlichen Vorstellungen von einem guten Leben, von Liebe und Familie und von der Kindererziehung bis in die heutige Zeit hinein wirken.

Doch zurück zu den Grundformen der Erziehung: Rousseaus »Emile« kann uneingeschränkt als Klassiker der Erziehung bezeichnet werden. Auch, weil er sich mit der gesamten Altersspanne – von der Geburt bis zur Partnerwahl – mit den Herausforderungen der Erziehung befasst und einen eigenen Erziehungsstil entfaltet. Rousseau machte drei »Erzieher« in der Kindheit aus, durch die Kinder lernen: Diese sind die Menschen, die Dinge und die Natur.

Trotz aller Unterschiede zwischen dem 18. Jahrhundert und heute sind diese drei auch für die jetzige Kindheit äußerst relevant. So stellt die eigene körperliche Entwicklung das Kind in kurzer Zeit vor neue Herausforderungen und eröffnet zugleich stets weitere Möglichkeiten, die eigenen Kräfte zu entdecken und einzusetzen. Die enorme Bedeutung anderer Menschen als Erzieher ist in den vorigen Kapiteln bereits gründlich thematisiert worden. Worin liegt nun das Interessante an Rousseaus Aufteilung, Menschen würden erzogen und lernten an anderen Menschen, an der Natur und an den Dingen?

Zunächst geht es um eine Methode oder man kann auch sagen eine Haltung der Erwachsenen gegenüber der Erziehung. Es lohne sich nämlich, so Rousseau, Zeit zu investieren oder besser, genügend Zeit vorzusehen. Warum? *Eltern müssten zunächst Erziehung als Beobachtung verstehen, sie müssten erfahren, wie die Dinge, andere Menschen und die Natur ihr Kind erziehen.* Dies ist ein zentraler Gedanke und es würde sich lohnen, diesen wieder stärker ins Bewusstsein zu rufen. Eine Basis guter Erziehung ist es, ruhig und gelassen Kinder bei ihren Erkundungen, in ihrem Spiel zunächst zu beobachten. Sicher müssen wir manchmal einschreiten, wenn echte Gefahr droht, aber wie oft unterbrechen wir mangels Zeit, doch auch mangels Geduld das kindliche Lernen mittels der Natur oder der Dinge.

Was lässt sich darunter verstehen? An welche Dinge dachte Rousseau und welches sind die Dinge, an denen heutige Kinder lernen können? Welchen Zugang haben sie zur Natur? Eltern, die in den Ferien mit ihren Kindern ans Meer fahren können, kennen sicherlich die Erziehung durch das Wasser, etwa wenn sie die Hingabe schon der kleinsten Kinder beim Herannahen der Flut erleben. Sie können beobachten, wie schon die Kleinsten mit Schaufeln oder bloßen Händen kleine und größere Sanddeiche errichten, Steine sammeln, Stöcke aufschichten, sich Kommandos zurufen, hoffen, dass ihr Deich hält und dann doch erleben, dass das Wasser stärker ist als ihr Bauwerk. Man kann, man muss aber nicht unbedingt daran anschließend ihnen die Geschichte des Deichbaus und die der zerstörerischen Sturmfluten erläutern oder ihnen den »Schimmelreiter« von Theodor Storm vorlesen. Sicherlich werden manche Kinder auch am nächsten Tag wieder gegen die Flut »anschaufeln« und eine elementare Erfahrung mit der Natur vertiefen.

In seinem Buch »Das letzte Kind im Wald« hat der US-Amerikaner Richard Louv (2011) eindrucksvoll dargestellt, welche Verluste Kinder in Kauf nehmen, wenn sie keinen Kontakt zur Natur haben. Natur, so Louv, hat für Kinder eigentlich viele Gestalten: »Ein neugeborenes Kalb; ein Haustier, das lebt und stirbt; ein Trampelpfad im Wald;

ein Fort inmitten von Brennnesseln; eine feuchte, unheimliche Ecke auf einem unbebauten Grundstück – welche Gestalt die Natur auch annimmt, sie eröffnet jedem Kind eine ältere, größere Welt, die unabhängig von seinen Eltern besteht.« (Louv 2011, S. 22) Louv führt viele gute Argumente an, warum wir Kindern die Natur erhalten und viele Gelegenheiten zu ihrer Erkundung bieten müssen. Sie eröffnet uns nämlich ganz im Sinne Rousseaus unzählige Lern- und Erfahrungsmöglichkeiten, ist sinnlich und ästhetisch, manchmal grausam, aber auch erhebend.

Doch was ist mit den Dingen, die Rousseau ebenfalls so wichtig waren: Wiederum bietet des Spiel der Kinder vielfache Beobachtungsmöglichkeiten, wie die Dinge erziehen. So können Eltern Erziehung durch die Dinge beobachten, beispielsweise durch den Umgang mit einem Spielzeug, das sich an einer Schnur ziehen lässt und sich dabei auf eine meist lustige Weise bewegt. Das Kleinkind, begeistert von seinem trommelnden Bär an der Schnur, wird ihn zunächst hin- und herziehen, vielleicht an der Schnur schütteln und zerren, der Bär wird auf dem Rücken liegen und von dem kleinen Besitzer zur Strafe einen Moment nicht beachtet werden. Der Bär wird vielleicht auch einmal in die Ecke fliegen, aber das Kind kommt gewiss allmählich dahinter, wie es die Kreise ziehen muss, um ein möglichst langes Trommeln zu erzeugen. Auch hieran anschließend könnte die beobachtende Mutter, wenn sie wollte, dem Kind erklären, warum das so ist, aber wichtig ist zunächst die elementare Erfahrung des Kindes selbst. So verstanden ist es die Aufgabe der Erwachsenen, dem Kind Erfahrungen zu ermöglichen, weil dadurch Lernprozesse in Gang kommen.

Ähnliches gilt auch für den Menschen als Erzieher, durch ihn macht das Kind die unterschiedlichsten Erfahrungen und es lernt, in Beziehungen zu treten, zu sprechen, Gefühle auszudrücken, und gerade diese Erzieherinnen und Erzieher sind nötig, um Kinder beim Meistern von Entwicklungsaufgaben zu unterstützen und ihre Bedürfnisse zu befriedigen. An zentraler Stelle stehen dabei die Eltern, aber auch Geschwister, und die heutige Kindheit ist noch durch einen regen Kontakt zu den Großeltern geprägt (World Vision 2007). Ebenso sind gleichaltrige Kinder »Erzieher« und die Erwachsenen in den pädagogischen Einrichtungen, die Kindheit heute gestalten, von der Krippe, zur Kindertagesstätte, Schule und Hort, Musik- und Kunstschule, Sportverein gehören ebenfalls zu dieser Rousseauschen Kategorie.

Je früher, je besser?

Rousseau kam es darauf an, möglichst eine Harmonie zwischen den Dingen, der Natur und den Menschen herzustellen und dazu formulierte er eine – gerade aus heutiger Sicht – kluge Einsicht: *Man dürfe nicht ständig die Sorge haben, das Kind sei in seinen Entwicklungen zu spät oder es müsse möglichst schnell und früh alle Kompetenzen erwerben.* Vielfach haben heute Eltern den Eindruck, ihr Kind müsse schon in ganz jungen Jahren etwa Englisch oder Chinesisch lernen, um später in der Schule erfolgreicher und im Arbeitsleben besser positioniert zu sein.

Einerseits birgt diese Lebensphase tatsächlich ein ungeheures Lernpotenzial, und eine an Anregungen reiche Umwelt ist für Kinder ein Geschenk, aber andererseits kommt es gerade auch in dieser Phase auf das richtige Maß von anregenden, gezielten Fördermaßnahmen und der Muße, sich selbst mit den Dingen, der Natur und den Menschen zu befassen, an. *Rousseau rät deshalb, im Umgang mit Kindern nicht ständig Zeit gewinnen zu wollen, sondern im Gegenteil: Man müsse mit Kindern gemeinsam Zeit verlieren.* Heutige Kinder erleben hingegen eher Zeitdruck und Zeitmangel, beides kann einem glücklichen Aufwachsen im Wege stehen.

Eine Frage der Zeit ist allerdings auch die Bewältigung von Entwicklungsaufgaben. Die Formulierung von solchen Aufgaben geben eine Orientierung, vor welchen Herausforderungen Kinder in unserem Kulturkreis stehen und sie bieten Hinweise, wie Eltern oder Großeltern, Erzieherinnen, aber auch Lehrkräfte diese begleiten und unterstützen können. Die Formulierung von Entwicklungsaufgaben sollte mich jedoch nicht dazu verleiten, angestrengt zu prüfen, ob mein Kind schon den nächsten Schritt gegangen, die nächste Aufgabe erfolgreich gemeistert hat. Vielmehr ist es hilfreich, von einer Balance der Entwicklungsaufgaben und dem eigenen, individuellen Rhythmus des Kindes auszugehen.

Der Kinderanalytiker Erik H. Erikson hat deutlich gemacht, dass die Kultur einen großen Einfluss auf die kindliche Entwicklung genommen hat. Die jeweiligen Entwicklungsaufgaben zu meistern, setzt den Erwerb weiterer Fähigkeiten voraus. Insofern handelt es sich dabei um einen in der Kindheit äußerst produktiven, dichten Vorgang. Das hat auch der US-amerikanische Entwicklungspsychologe Robert Havighurst so gesehen (Andresen/Hurrelmann 2010). Entwicklungsaufgaben werden erstens durch biologische Veränderungen bestimmt, so kann ein Kleinkind, sobald es Milchzähne hat, feste Nahrung zu sich nehmen oder ein Vorschulkind, sobald sich der Gleichgewichtssinn ausprägt, Fahrradfahren lernen. Entwicklungsaufgaben werden allerdings zweitens auch durch gesellschaftlich bestimmte Vorstellungen initiiert, die Schule und der Erwerb von Kulturtechniken ist dafür ein typisches Beispiel, drittens ging Havighurst davon aus, dass auch die vom einzelnen Kind und Jugendlichen selbst gesetzten Ziele und Werte Entwicklungsaufgaben anleiten. Gerade bei den selbstgesteckten Zielen können Kinder eine ungeheure Selbstdisziplin an den Tag legen, wofür die meisten Eltern sicherlich zahlreiche Erlebnisse mit ihren Kindern vor Augen haben und Geschichten erzählen können.

Folglich hat man es bei der Orientierung an Entwicklungsaufgaben mit einem analytischen Konzept zu tun, und dieses beschreibt die Umsetzung von biologischen, psychischen und gesellschaftlichen Anforderungen der Entwicklungsstadien im Lebenslauf sowie die damit verbundenen individuellen Handlungskompetenzen und —ziele (Andresen/Hurrelmann 2010). Havighurst hat außerdem auf die wechselseitige Verbindung von verschiedenen Entwicklungsaufgaben aufmerksam gemacht. Die Bewältigung einer Entwicklungsaufgabe, zum Beispiel der Aufbau sozialer Bindungen, wirkt sich in seiner Theorie auch auf die Art und Weise, wie eine Auseinandersetzung mit Entwicklungsaufgaben in anderen Bereichen, etwa der Moralentwicklung, aussieht. Was Kinder jeden Alters benötigen, sind tragfähige, verlässliche und zugewandte Beziehungen, und zwar zuhause und in den pädagogischen Institutionen.

Bedürfnisse von Kindern

Die Bedeutung von Beziehungen für Erziehung und für das Lernen in der Kindheit zeigen auch bedürfnistheoretische Ansätze. Eine gute Orientierung für das Verständnis von Kindheit bietet die Ausformulierung und Begründung von Grundbedürfnissen der beiden US-amerikanische Ärzte, Berry Brazelton und Stanley Greenspan. Sie gehen davon aus, dass bei Kindern vor allem Bedürfnisse nach …

1. … beständigen, liebevollen Beziehungen,
2. … körperlicher Unversehrtheit, Sicherheit und Regulation,
3. … Erfahrungen, die auf individuelle Unterschiede zugeschnitten sind,
4. … entwicklungsgerechten Erfahrungen,
5. … Grenzen und Strukturen,

6. ... stabilen, unterstützenden Gemeinschaften und
   nach kultureller Kontinuität,
7. ... Zukunftssicherung
im Vordergrund stehen (Brazelton/Greenspan 2008).

Deren Befriedigung sehen die Autoren als gesamtgesell-
schaftliche Aufgabe und nicht nur als Verpflichtung der
Eltern und sie leiten daraus auch Qualitätskriterien für
Kindertageseinrichtungen ab. Beständige, liebevolle Beziehungen nehmen demnach in Brazeltons und Greenspans
Bedürfniskonzept eine zentrale Stellung ein. Sie bilden den
Ausgangspunkt für das Gefühl von Sicherheit, die Fähigkeit zur Regulation und für die weitere emotionale und
kognitive Entwicklung des Kindes. Ein wichtiges Merkmal entwicklungsförderlicher und Sicherheit vermittelnder
Beziehungen sind »reziproke Interaktionen«, die sowohl
Kontinuität als auch Sensibilität von der erwachsenen Betreuungsperson erfordern. Mit Blick auf die allgemeinen
bedürfnistheoretischen Ausführungen wird hier noch einmal ins Bewusstsein gerückt, dass die so genannten Wachs-
tums- und Selbstverwirklichungsbedürfnisse untrennbar
mit dem Bedürfnis nach sozialer Zugehörigkeit verbunden
sind. Ohne eine beständige, aufmerksame und empathische
Bezugsperson hat das Kind keine Chance, seine Gefühle zu
kontrollieren und sich selbst als Teil eines sozialen Gefüges
wahrzunehmen.

In der späten Kindheit, im Vorschul- und Grundschulalter, müssen die Beziehungen zu Gleichaltrigen, der Aufbau
von kognitiven Konzepten und Denkschemata, grundlegenden Fertigkeiten in den Kulturtechniken, die Entwicklung von Gewissen, Moral und Wertorientierungen
geleistet werden. Die Schule macht unsere Kinder zu Schülerinnen und Schülern, sie erlernen hier eine wichtige neue
Rolle, und derartige neue Rollenerfahrungen gehören zu
den Entwicklungsaufgaben einer komplexen und in zahl-

reiche Teilbereiche sich aufgliedernden Gesellschaft. *Dazu gehört etwa auch, mit weniger erfolgreichen Ergebnissen, gar mit Misserfolgen umzugehen. Diese Erfahrungen können sehr schmerzhaft sein und ein Kind lange belasten, gleichwohl können Eltern ihre Kinder in der Regel vor derartigen Schmerzen nicht bewahren, aber sie können sie mit Verständnis begleiten.* Diese Begleitung wird sicherlich erschwert, weil es nicht genügend positive Beispiele gibt, mit Fehlern umzugehen bzw. es in unserer Erziehungs- und Schulwelt keine kreative Fehlerkultur gibt. Allerdings verlaufen die Einflüsse von Misserfolgen, negativen Erfahrungen, gar Traumatisierungen auf den weiteren Lebensverlauf keineswegs einheitlich oder gradlinig. Wie Befunde aus der Resilienzforschung zeigen, können sich einige Kinder trotz ungünstiger Umweltbedingungen, negativer Erlebnisse oder frühkindlicher traumatischer Erfahrungen wie den Verlust eines Elternteils oder schwere Krankheiten zu psychisch gesunden Menschen entwickeln.

Auch in Entwicklungsverläufen mit größten physischen und psychischen Beeinträchtigungen kann es so genannte »Schutzfaktoren« geben, hierzu gehören wiederum unterstützende soziale Kontakte zur Verwandtschaft und Nachbarschaft. Auch gute Beziehungen zu Gleichaltrigen können in Krisen stabilisierende Wirkung entfalten. Alle empirischen Befunde zeigen, dass Krisen vor der Kindheit nicht Halt machen, sondern im Gegenteil auch zu dieser Lebensphase dazu gehören. Seit dem 20. Jahrhundert hat sich, auch unter dem Einfluss solcher Theorien, wie sie Rousseau entwickelt hat, die Vorstellung von Kindheit als einem Schutz- und Schonraum entwickelt. Ein wichtiger Begriff in der Kindheits-, aber vor allem auch in der Jugendforschung, ist der des Moratoriums. Was verbirgt sich hinter diesem Begriff?

Ein Moratorium ist eine zeitlich befristete Befreiung von Pflichten zu dem Zweck, ein festgelegtes Ziel zu erreichen. Viele Kinder in Deutschland erleben ihre Kindheit durchaus als eine Art Moratorium, aber keineswegs durchgängig und vor allem nicht in allen Familien und Milieus.

Die Grenzen der Erziehung

Zum Abschluss dieses Kapitels, das sich ein paar grundlegenden Fragen der Pädagogik gewidmet hat, soll auch die Problematik des Scheiterns von Pädagogik, der Grenzen von Erziehung, angesprochen werden. Scheitern und Misslingen nämlich begleiten Eltern ebenso wie alle beruflich mit Erziehung und Pädagogik betrauten Erwachsenen, und das Scheitern führt vermutlich manche zur Verzweiflung, andere zur Bescheidenheit, wieder andere in die Resignation. Trotz aller Bemühungen kann man nie genau vorhersagen, wie das einzelne Kind reagiert, was es mitnimmt, ob es lernt, wohin es will. Erziehung ist keine Technik, die funktioniert.

Der marxistisch orientierte und ebenfalls psychoanalytisch ausgerichtete Erziehungstheoretiker Siegfried Bernfeld hat sich systematisch mit dem Scheitern bzw. mit den Grenzen der Erziehung befasst. In seinem 1925 erschienenen Buch »Sisyphos oder die Grenzen der Erziehung« setzt er sich zunächst äußerst kritisch mit der Überheblichkeit mancher Pädagogen auseinander. Wenn die Pädagogik glaube, so Bernfeld, sie könne Menschen »machen«, dann überschätzt sie sich und kann letztlich nur scheitern. Erziehung bestehe vielmehr in dieser mühsamen und eigentlich vergeblichen Tätigkeit des Sisyphos: Dieser wurde von Göttern bestraft und musste sein Leben lang einen Fels den Abhang hochschieben, der, oben angekommen, stets wieder hinunter rollte. Dieses Bild des Sisyphos scheint gar nicht so unpassend, denn wie oft machen Eltern im Umgang mit ihren Töchtern und Söhnen die Erfahrung, dass man immer bereit sein muss, wieder von vorne zu beginnen. In den Augen der Erwachsenen, mag sich ein Spiel erschöpft haben, in den Augen eines Dreijährigen gibt es nur eine denkbare Reaktion: »Nochmal!« Nach Meinung der Eltern war endlich geklärt, dass der Sohn nicht später als Mitternacht zuhause sein soll, dieser hingegen kam erst gegen Morgen zurück.

Vielleicht fällt manchen ein, was sie selbst als Kinder immer wieder machen wollten, fasziniert von der Wiederholung und vielleicht ist das eigene glucksende oder bettelnde »Nochmal« im inneren Ohr. Diese Momente sind wichtig für jede Erziehung, für jede Pädagogik, und auch dafür hat Siegfried Bernfeld uns sensibilisiert: *Wenn wir als Erwachsene erziehen, so haben wir es immer mit mindestens zwei Kindern zu tun: dem Kind, dem unsere erzieherischen Anstrengungen gelten und dem Kind, das wir selbst einmal waren.* Gerade dieses erinnerte Kind ist mit zahllosen Gefühlen besetzt und sehr subjektiv gefärbt: »Unsere erinnerte Kindheit ist aber weit entfernt davon, treue Erinnerung zu sein, sie ist Tendenz, entstanden in den tiefsten Seelenwirbeln des Lebens, festgehalten, ausgestaltet als Waffe gegen mächtige Feinde innerhalb der eigenen Seele in lebenslänglichem Kampfe.« (Bernfeld 1925/1973, S. 32)

Insofern sollten wir uns immer wieder einmal der eigenen Leiden am Unverständnis des Vaters, der Verzweiflung angesichts einer bevorstehenden Physikarbeit, aber auch an die schönen Gefühle unserer Kindheit erinnern. Dies ist ein im Grunde leicht zugänglicher Weg, das einem manchmal fremd werdende Kind oder die unzugängliche Schülerin besser zu verstehen. Eine weitere Einsicht ist unverzichtbar: *Man kann sehr viel bewirken bei Kindern, sie sind angewiesen auf lehrreiche Erfahrungen und liebe- und verständnisvolle Erwachsene, aber Erziehung hat ihre Grenzen und ist stets offen.* Sich daran ab und an zu erinnern, kann auch entlastend sein.

Kapitel 7

Kinder brauchen Kinder
Warum Freunde so wichtig sind

Ein literarischer Blick auf Kinderfreundschaften

Therese, Aja und Karl verbringen gemeinsam ihre Kindheit und Jugend in einem kleinen süddeutschen Dorf. Sie sind nahezu jeden Tag zusammen und nach dem Abitur studieren sie gemeinsam in Rom. Sie sind Freunde. Eine große Krise erfährt diese Freundschaft erst in dem Moment, in dem Aja und Karl ein anderes Gefühl – nämlich Liebe – füreinander entdecken. Therese, nun plötzlich die Dritte, die Überflüssige, fühlt sich zunächst zutiefst gekränkt und dennoch bleibt die Freundschaft ein fester Bestandteil ihres Lebens: »Ich kenne Aja, seit ich denken kann. Ich habe kaum eine Erinnerung an eine Zeit vor ihr, an ein Leben, in dem es sie nicht gegeben hat, keine Vorstellung, wie sie ausgesehen haben könnten, Tage ohne Aja. Aja gefiel mir sofort. Sie sprach laut und deutlich und kannte Wörter wie Wanderzirkus und Schellenkranz. Zwischen anderen sah sie winzig aus, mit ihren kleinen Händen und Füßen, und als müsse sie dem etwas entgegensetzen, sprach sie in langen Sätzen, denen kaum jemand folgte, als wollte sie beweisen, dass sie laut reden konnte, ohne Pause und ohne Fehler.« (Bánk 2011, S. 7)

   In ihrem Roman »Die hellen Tage« erzählt Zsuzsa Bánk die Geschichte der Freundschaft zwischen den Kindern

Therese, Aja und Karl, die alle drei in sehr jungen Jahren Schicksalsschläge verwinden müssen und gemeinsam heranwachsen. Thereses Vater stirbt, als sie ein kleines Kind ist, und die Mutter kommt erst in Thereses Studienzeit darüber hinweg, Karls jüngerer Bruder verschwindet spurlos und wird nie gefunden, seine Eltern leben getrennt und scheinen an dem Verlust des Kindes und der Unklarheit seines Schicksals fast zu zerbrechen, und Aja schließlich lebt mit ihrer aus Ungarn emigrierten Mutter Evi in einer ärmlichen Baracke am Dorfausgang und vermisst ihren Vater, den Zirkuskünstler, der immer nur wenige Wochen im Jahr seine kleine Familie besucht.

Die Freundschaft der Kinder und die sich daran anschließende Freundschaft der drei Mütter bilden den roten Faden dieser eindrucksvollen und einen in den Bann ziehenden Geschichte. Die hellen Tage der Kindheit sind keineswegs ungetrübt, aber sie sind getragen durch die Kindergruppe, durch Spielen, Schwimmen im nahen See, gemeinsame Sommerabende, Schweigen im Baumhaus, Geburtstagsfeiern und tägliches Zusammensein. Die Kinder beobachten, wie sich die Mütter annähern, wie Thereses Mutter Evi Lesen und Schreiben beibringt und wie Evi Karls trauernde Mutter und später auch seinen Vater ins Leben zurückholt. Sie beobachten die ausgelassenen Sommerabende der Frauen, die wechselseitigen, zunächst sehr schüchternen Zeichen der Zuneigung, die allmählich wachsende Freude, Zeit miteinander zu bringen, und die unverbrüchliche Bereitschaft, der jeweils anderen in ihrer Not beizustehen. Die Kinder unternehmen miteinander eigentlich nichts anderes, so dass sie an sich selbst und am Beispiel ihrer Mütter das Wesen der Freundschaft erfahren.

Doch die erwachsenen Frauen müssen sich zueinander bewusst verhalten, sie müssen sich entscheiden, ob sie sich aufeinander zubewegen, und so dauert es lange, bis Thereses Mutter nicht mehr an Evi vorbeischaut und ihre Kleider glatt streicht, als wisse sie nicht wohin mit den Händen, wenn sie ihre Tochter bei laufendem Motor und offener Wagentür abholt. Die Annäherung zwischen den Müttern ist geprägt durch Langsamkeit, die der Kinder hingegen durch eine magnetische Anziehungskraft und Geschwindigkeit. Zsuzsa Bánk beschreibt diesen Unterschied mit deutlichen Worten: »Wir fanden uns, wie sich Kinder finden, ohne zu zögern, ohne Umstände, und sobald wir unser erstes Spiel begonnen, unsere ersten Fragen gestellt hatten, verbrachten wir unsere Tage miteinander, fädelten sie auf wie an einer endlosen Kette, und hielten jede Unterbrechung, mit der andere uns trennten, für eine Zumutung.« (Ebd.)

Erziehung zur Freundschaft

Wie also finden sich Kinder oder anders wie finden Kinder Freunde? Darauf gibt es zunächst eine sehr schlichte Antwort: Indem sie möglichst unkomplizierte, gute Gelegenheiten haben, Gleichaltrige zu treffen. Diese Gelegenheiten haben sich historisch betrachtet sehr verändert, denn Aja und Therese, die in der Zeit des Wirtschaftswunders in Deutschland aufwuchsen, konnten sich unbeaufsichtigt und nahezu frei in ihrem Ort bewegen, kam ein Fahrrad hinzu, boten sich weitere Möglichkeiten unabhängiger Freizeitgestaltung an. Das heißt nicht, dass diese Kinder ohne Gefahren aufwuchsen, was man an Karls kleinem Bruder sehen kann, der vermutlich in ein Auto gestiegen ist und so sein Schicksal fand.

Wo aber können Kinder heute auf andere Kinder stoßen und damit potenzielle Freunde treffen? Können sie Freundschaften mit einem Spiel beginnen, ohne Umstände einfach loslegen und ihre gemeinsamen Tage wie Perlen auf eine Schnur ziehen? Manchmal lassen sich solche Szenen auf Spielplätzen beobachten, wenn wie aus heiterem Himmel plötzlich zwei kleine Jungen, die sich offensichtlich nicht kennen, gemeinsam im Sand sitzen und das fortführen, womit einer der beiden begonnen hat. Manchmal findet dieses Geschehen ohne Wort statt, beide genießen das gemeinsame Handeln, sie graben ein Loch, sie sind sich einig, sie verständigen sich, indem sie spielen. Aber nach einer Weile kann es passieren, dass sie einfach wie einem unsichtbaren Zeichen folgend auseinander gehen und sich ihren erwachsenen Begleitpersonen zuwenden, als habe es das gemeinsame Spiel nie gegeben. Aus solchen Begegnungen erwächst keineswegs immer eine Freundschaft, es sei denn, die Umstände sind günstig, die Mütter kommen miteinander ins Gespräch, stellen fest, dass man in der Nähe wohnt, verabreden sich, weil die beiden Knaben dasselbe Alter haben, und so bekommen die Kinder weitere Gelegenheiten, eine Freundschaft zu entwickeln und an ihr zu arbeiten.

Neben den Gelegenheiten, mögliche Freunde zu treffen, also neben der Notwendigkeit von Zeit und Raum, ist eine Freundschaft auf ein Verhalten angewiesen, ja im Grunde kann man sagen, Freundschaft ist Verhalten. Das kleidet Zusza Bánk in schöne Worte: »Wir küssten und umarmten uns schnell, wie Mädchen es häufig tun, auch wenn es Aja sonst mit niemandem tat, auch später nicht, und wir ließen nicht mehr voneinander, auch wenn ich nicht weiß, warum Aja ausgerechnet mich aussuchte, mich einlud und in ihr Leben bat, ein Leben, das anders war als alles, was ich kannte, und das mir fern erschien, größer und weiter als meines, und sich abspielte an einem Ort ohne Zeit und Grenzen. Ich weiß nicht, was es war, das sie in meine Nähe drängte, an anderen vorbei zu mir schob und an mich band, was es überhaupt sein kann, das uns dazu bringt, uns füreinander zu entscheiden.« (ebd., S. 8)

Dass Freundschaft ein Verhalten ist, wurde von dem antiken Philosophen Aristoteles, der sich insbesondere in der »Nikomachischen Ethik« mit der Freundschaft beschäftigt, dargelegt. Freundschaft beruhe, so Aristoteles, immer auf einer Willensentscheidung, und diese ist auf ein Verhalten angewiesen. In welchem Maße es sich auch bei Kindern um Willensentscheidungen handelt, wenn sie einen Freund gewinnen und wie sie eine solche Willensentscheidung treffen, gehört zu den interessanten Fragen heutiger Kindheitsforschung. *Nimmt man Freundschaft also nicht als gegeben an, so ist festzuhalten, dass sie als Beziehung auf Freiwilligkeit angewiesen ist sowie auf Wechselseitigkeit oder, wie es in den Sozialwissenschaften heißt, Reziprozität.* Aber diese Wechselseitigkeit kann in einer Freundschaft nicht im Sinne eines Aufrechnens verstanden werden, also etwa in dem Sinne, »weil ich dich gestern habe abschreiben lassen, musst du mir heute deine Mathelösungen geben« oder »weil ich dir letzte Woche eine Stunde lang geholfen habe, dein Zimmer aufzuräumen, bevor deine Eltern nachhause kamen, musst du mir am Wochenende eine Stunde lange helfen, den Keller zu entrümpeln«. Vielmehr ist dieses Prinzip der Wechselseitigkeit so zu verstehen, dass mir die Freundschaft Schutz und Hilfe bzw. Unterstützung als ein Prinzip bietet.

In den vorherigen Kapiteln wurde dargelegt, dass und warum der Mensch von Beginn an auf soziale Beziehungen angewiesen ist. Auch bei der Freundschaft geht es darum, den anderen zu erkennen, sein Handeln vorab einschätzen zu können und vor allem die Perspektive wechseln und sich in den anderen, den Freund hineinversetzen zu können. *In der sozialwissenschaftlichen Literatur wird diese Fähigkeit als Empathie bezeichnet.* Sie ist eine Voraussetzung für Freundschaften, aber sie ist durchaus auch eine Quelle von Angst und Selbstzweifel. Denn so wichtig Freunde für das Leben unserer Kinder und auch von uns selbst sind, so sehr wir alle auf die Gewissheit »Wir sind Freunde für alle Zeit« angewiesen sind, so sehr kann uns gerade diese Angewiesenheit und Abhängigkeit auch bedrängen oder beschämen.

Wer kennt sie nicht die Sorge, der Freund oder die Freundin könnte mich nicht mehr mögen. In der Psychoanalyse wird davon ausgehend auch beschrieben, dass zu dem Gefühl großer Nähe immer auch das Gefühl der Distanz und des einander nicht Ertragens gehört. Der meist pessimistisch urteilende Philosoph Arthur Schopenhauer hatte Freundschaft im Bild der Stachelschweine beschrieben: Wenn den Stachelschweinen kalt ist, so versuchen sie sich gegenseitig zu wärmen, aber je mehr sie sich aneinander zu kuscheln versuchen, je unangenehmer wird dies. Das heißt, Freundschaften und Freunde hinterlassen auch bei Kindern nicht nur eindeutig positive Gefühle, sondern manchmal kann Freundschaft ein ziemlich mehrdeutiges – ambivalentes – Unterfangen sein.

Von daher gehört es zu den großen Leistungen gerade auch der jungen Kinder, mehrere Freunde zu haben und Freundschaften zu pflegen. *Kinder bei ihrer Freundschaftspflege zu unterstützen und auch selbst viel Wert auf die eigenen Freundschaften zu legen, sich mit der Freundin zu treffen und trotz Arbeit, Familie oder Ehrenamt die Freunde nicht zu vergessen, ist eine wichtige Aufgabe heutiger Erziehung.* Freunde der Familie, also Freunde der Eltern, aber auch der Kinder, können geradezu zu Wahlverwandten werden und eröffnen allen Beteiligten ein oft sehr stabiles soziales und emotionales Netzwerk.

Zu den Netzwerken heutiger Kinder zählen nach wie vor die Verwandten, aber bei längst nicht allen Kindern stehen diese zahlreich zu Verfügung oder wohnen in der Nähe. Insofern ist die Ausweitung des Netzwerks auf Freunde eine nicht zu unterschätzende Bereicherung. In fast keinem Netzwerk, das unsere Kinder aus beiden World Vision Studien während des Interviews aufgebaut haben, fehlen die Wohnungen der Freundinnen und

Freunde. Neben dem eigenen Zuhause, der Schule, manchmal dem Zuhause der Großeltern oder dem anderer Verwandter sowie besonders wichtigen Freizeitorten, sind den Kindern die Orte, an denen sie mit ihren Freunden zusammen sein können, wichtig. Freunde sind unverzichtbar oder wie die elfjährige Juana ihr Gefühl am Schluss des Interviews ausdrückt: »Ohne Freunde, das wäre ja ganz schön hart, das Leben. Alleine ist doof, wenn man alleine ist, denke ich mal.« (World Vision 2010, S. 348)

Kinderfreundschaften und ihre Wirkungen

Das Thema Freundschaften unter Kindern ist inzwischen ein wichtiger Gegenstand der Forschung. Zunächst interessierte diese sich dafür, wie Freundschaften zur Entwicklung von Kindern beitragen und wodurch sich die Beziehung zu der von Erwachsenen unterscheidet. Wichtige Studien kamen hier aus der kognitiven Entwicklungspsychologie. So haben Robert Selman und sein Kollege William Damon in ihren Arbeiten untersucht, wie Freundschaft hergestellt wird und wie Kinder Empathie ausbilden und im Umgang mit Gleichaltrigen immer wieder gezwungen sind, ihren Egozentrismus, also ihre Orientierung an sich selbst, zu überwinden. Dabei definieren Selman und Damon Freundschaft als eine sehr spezifische Form der Interaktion, die sich durch Zuneigung, Kooperation und wechselseitige Perspektivübernahme auszeichnet. (Brumlik 2002, S. 248ff.)

Im Unterschied zu den Eltern, deren Beziehung man sich ja meist nicht aussuchen kann und die immer mit sehr viel mehr Macht ausgestattet sind als ihre Kinder, ist die Freundschaftsbeziehung zwischen Kindern zunächst eine symmetrische Beziehung. Das heißt, prinzipiell gibt es die Chance zu einer ausgewogenen Machtverteilung, und das stellt die Entwicklung der Kinder vor ganz andere Herausforderungen. Denn »Freundschaften sind ... Sozialbeziehungen, die nicht als bereits geleistete Vorgabe lediglich abgerufen werden müssen, sondern einem risikobehafteten Prozeß ihrer Herstellung durch Sozialkoordination unterliegen.« (Brumlik 2002, S. 249) Das mag zunächst kompliziert klingen, aber was sich dahinter verbirgt ist wiederum der hier bereits vorgestellte Gedanke, dass Menschen sich sozial abstimmen müssen, und um dies leisten zu können, müssen sie in der Lage sein, sich in andere hinein zu denken und darauf vertrauen können, dass der andere dies auch kann. In symmetrischen Beziehungen gibt es vorab keine Machtposition, die eine Person etwa aufgrund ihres Alters oder ihres Geldes innehat und niemand ist in einem besonderen Abhängigkeitsverhältnis.

Kinder haben nur mit Gleichaltrigen die Chance, eine solche Beziehung als Gleiche unter Gleichen zu erfahren und zu pflegen. Im Laufe der Freundschaft kann es dann sehr wohl zu unterschiedlichen Gewichtungen kommen oder es mag passieren, dass ein sechsjähriges Mädchen ihr Freundschaftsherz an eine Neunjährige aus dem Sportverein verloren hat und auch aufgrund ihres Alters sich den Regeln der anderen unterwirft. Die prinzipielle Symmetrie kann kippen, und immer wieder einmal werden sich Väter und Mütter besorgt fragen, ob der Freund ihres Kindes wirklich gut für es ist, weil es seine Interessen ganz und gar nach dem Freund ausrichtet oder weil der Freund oder die Freundin Verabredungen nicht einhält, und sie werden mit ihrem Kind mit leiden, wenn es traurig wirkt. Dennoch hat diese andere Beziehungsqualität der Kinderfreundschaften einen ganz besonderen Stellenwert für die Entwicklung und für das Selbstverständnis, mit dem sich Kinder in ihrer Umgebung bewegen.

Stufen der Freundschaft

Für die Beschreibung der Entwicklung im Laufe der Kindheit haben Psychologen Stufen oder Niveaus unterschieden, denn Kinder müssen nicht von Anfang an perfekt mit Freunden umgehen können, sie müssen es im sozialen Miteinander lernen. Bahnbrechend für solche Stufenmodelle sind die Arbeiten des Schweizer Psychologen Jean Piaget, der zu zahlreichen Erkenntnissen gekommen ist, indem er Kinder, wie es Rousseau vorschwebte, beobachtet hat. Zunächst ging auch Piaget von der großen Chance der Kinderfreundschaft aus, weil sich die kindlichen Akteure gewissermaßen auf Augenhöhe begegnen: »Dem großen Genfer Entwicklungspsychologen Jean Piaget haben wir die Einsicht zu verdanken, dass das Entwicklungspotential der Gleichaltrigenbeziehungen darauf beruht, dass die Beziehungspartner auf gleicher Stufe stehen (1973). Diese Gleichheit steht in scharfem Kontrast zu den Beziehungen zu Eltern und anderen Erwachsenen wie Erzieherinnen und Lehrern, mit denen das Kind nicht auf gleicher Stufe steht. Den hierarchisch Übergeordneten folgt man, weil man sie liebt oder fürchtet, weil man abhängig ist, weil sie so viel wissen und können und unvergleichlich stärker sind als man selbst.« (Oswald 2008, S. 259/260)

Hinzu kam bei Piaget die Bobachtung, dass das Wissen, das gemeinsam mit Gleichaltrigen erworben oder angewendet wird, in ganz anderer Art und Weise seine Wirkung erzielt und angenommen wird, als das Wissen, das ein Kind etwa von Vater oder Mutter übernimmt. Insbesondere ging Piaget davon aus, dass sich Moral im Menschen vor allem über die Brücke der Freundschaft Gleichgesinnter ausbilden kann, denn was gut und böse ist, werde den Kindern zwar von den Erwachsenen vermittelt – und ihr Vorbild ist wichtig – aber für diesen Prozess sind sie auch auf Gleichaltrige angewiesen. Gemeinsam mit Freunden entwickeln sie Moral etwa anhand von Regeln, die sie für ein gemeinsames Spiel aufstellen. Und so gewinnen Kinder ein unabhängiges, autonomes Verständnis. Berühmt geworden ist hier Piagets Beobachtung und Analyse von Kindern, die mit Murmeln spielen.

Vermutlich spielen Kinder überall auf der Welt mit Murmeln, und dank alter Gemälde wissen wir, dass das »Klickern« auch in früheren Zeiten bei Kindern sehr beliebt war. Piaget nun beobachtete, wie Kinder mit ihren Murmeln spielten und sich dafür Regeln gaben und dafür sorgten, dass die Regeln auch eingehalten wurden. Er war davon überzeugt, dass eine Gesellschaft nur bestehen könne, wenn Regeln nicht über Zwang eingetrichtert werden. Gleichwohl müssten Regeln auf vernünftigen Gründen beruhen, und der Mensch müsse sich ihnen mehr oder weniger freiwillig unterwerfen für ein höheres Interesse. Auf diesem Weg kämen Menschen – wenn überhaupt – auf eine Stufe echter Autonomie. Und hier setzte Piagets Überlegung der Entwicklung des Regelbewusstseins ein: Wenn Kinder miteinander spielen wollen, so bedarf es dafür bestimmter Regeln. Diese mag man vielleicht nicht immer gut finden, aber man unterwirft sich ihnen, weil dem Kind in der Regel an einem gemeinsamen Spiel sehr viel liegt. Nach Piagtes Forschungen sind Kinder dazu aber erst ab einem Alter von zehn Jahren wirklich in der Lage, erst dann können sie den Vorteil von auf Regeln basierenden Kooperationen – und nichts anderes ist ein Spiel – erkennen und danach handeln.

Viele spätere Forschungsarbeiten basieren auf der Stufentheorie von Jean Piaget, und in vielen empirischen Studien wurde der Frage nachgegangen, wie sich Moral und moralisches Urteilen entwickeln oder wie Kinder, aber auch Erwachsene fähig sind und befähigt werden können, nach einem moralischen Urteil auch entsprechend zu handeln. Hinter all diesen Arbeiten steckt die Frage, was den einzelnen Menschen zur Autonomie befähigt und ihn zugleich als moralisches Wesen, das auch die Interessen der anderen und damit der Gesellschaft berücksichtigt, entscheiden und handeln lässt. Diese Frage trieb auch die Psychologen Robert Selman und William Damon um und sie waren der Überzeugung, dass die symmetrischen Freundschaftsbeziehungen unter Kindern für die Ausbildung der moralischen Stufen besonders wirksam seien. An diese Untersuchungen der beiden Amerikaner schlossen in Deutschland die Arbeiten von Hans Oswald und Lothar Krappmann an. Oswald (2008) beschreibt in einem Aufsatz die Stufen und Kennzeichen der Freundschaft, also auch die Qualität der Freundschaft wurde in dieser Tradition als Stufentheorie entwickelt.

Auf der ersten Stufe gilt Freundschaft als ein System einseitiger Hilfestellungen, wie Micha Brumlik (2002) dies ausdrückt. Schon Kinder im Kindergartenalter bevorzugen bereits bestimmte Kinder, ihre Freunde, als diejenigen, mit denen sie gerne spielen. »Wenn solche Freunde gemeinsam in die Grundschule kommen, dann fördert dies die Anpassung an das neue Milieu und die Schulmotivation in den ersten Jahren.« (Oswald 2008, S. 256) Darum sind Eltern sehr gut beraten, wenn sie sich mit den Eltern der Freunde ihrer Kinder absprechen, denn gerade Übergänge wie der Wechsel von der Kita in die Schule erzeugen Unsicherheit, und ein Freund oder eine Freundin können hier sehr hilfreich sein. Das wissen auch die Schulen selbst, denn in aller Regel werden Kinder bei der Schulanmeldung heute gefragt, mit wem sie denn zusammen sein wollen, wenn sie in die erste Klasse kommen.

Der Kinderpsychiater Harry Stack Sullivan hat außerdem betont, dass die freundschaftlichen Beziehungen zu Gleichaltrigen des gleichen Geschlechts, also der beste Freund oder die beste Freundin viele Störungen, die ihre Wurzeln in der Familie haben, heilen können. Dies wird demnach nicht erst in der Jugendphase relevant, sondern gilt schon für jüngere Kinder.

Die Freundschaft der Kindergarten- und auch der Grundschulkinder verläuft, folgt man der Selman'schen Stufentheorie, noch auf den unteren Stufen, wobei es sich auf dem zweiten Niveau um eine »Schönwetterfreundschaft« handelt, bei der es vorrangig darum geht, Spaß miteinander zu haben. Auf die Frage, was denn jedes Kind für ein gutes Leben benötige, antwortet der siebenjährige Wenzel in unserer zweiten World Vision Studie, dass ein Freund für jedes Kind nötig sei: »Damit es Spaß hat.« (World Vision 2010, S. 266) Dass dies so wahrgenommen wird, liegt laut Oswald daran, dass das Kind in diesem Alter noch stark an den eigenen Interessen ausgerichtet sei.

Wichtig ist im weiteren Verlauf, man denke an Piaget, dass die Kinder als Freunde auch gemeinsame Werte miteinander teilen, dass sie sich wechselseitig darauf verlassen können, zu wissen, was der jeweils andere richtig und falsch findet. Ein gutes Beispiel dafür ist, dass sie sich Geheimnisse anvertrauen und darauf verlassen können, mein Freund, mein Freundin wird diese Geschichte nicht ausplaudern, den anderen nicht verraten. Es geht aber nicht nur darum, ein Geheimnis nicht zu verraten, es geht auch darum, dass meine Freundin mich noch mag, auch wenn ich ihr erzähle, dass ich Geld aus dem Geldbeutel der Oma genommen habe. Hier stoßen wir wieder auf das Thema Scham und Beschämung und die in der Freundschaft auch angelegte Gefahr, dass große Nähe in Abhängigkeit umschlagen kann. Der Kinderforscher Hans Oswald betont aber, dass es zur wachsenden Perspektivübernahme der älteren Grundschulkinder gehört, sich gegenüber den Freunden hinsichtlich der Sorgen und Nöte etwa mit der Mutter und dem Vater zu öffnen, also Vertrauen zu ihnen zu haben.

Ausgehend von den an Piaget anschließenden Studien, wie Freundschaften mit Blick auf Moralbildung und Lösungskompetenz wirken, scheint sich zu bewahrheiten, dass die Gleichrangigkeit Kinderfreundschaft von anderen Beziehungen zu Gleichaltrigen, die einem nicht so nahe stehen, unterscheidet. Diese verhilft den Kindern dazu, Konflikte zu lösen und einen Streit zu überstehen, und die Gleichrangigkeit ermöglicht, dass sich in der Beziehung nicht eine Hierarchie zwischen »Bestimmern« und »Gehorchern« etabliert. In unseren Interviews zeigte sich jedenfalls, dass Kinder meist nur Erwachsene als Bestimmer identifizierten und ihre Freunde nicht als Bestimmer wahrnehmen.

Selbstverständlich sind die Gleichrangigkeit und das damit verbundene Potenzial, Probleme zu lösen oder Aufgaben zu bewältigen, auch eine Quelle für abweichendes Verhalten (Devianz). Freunde, die sich aufeinander verlassen können, begehen durchaus auch verbotene Handlungen. Aber, die vorliegenden Untersuchungen dazu machen eines sehr deutlich, nicht die Freundschaft ist die Ursache für Kinder- und Jugendkriminalität: »Eine Reihe von Befunden zur Devianz im Jugendalter deutet darauf hin, dass abweichendes Verhalten in Freundschaften und Cliquen in Zusammenhang mit einem gestörten Eltern-Kind-Verhältnis und mit einem inadäquaten Erziehungsstil der Eltern stehen.« (Oswald 2008, S. 261)

Kinderfreundschaften und Wohlbefinden

In der Forschung zum Wohlbefinden von Kindern geht es ebenfalls um die Frage nach Freundschaften. Wir haben etwa angelehnt an die Befunde des Kinder-Panels vom Deutschen Jugendinstitut und des LBS Kinderbarometers in unserer ersten World Vision Kinderstudie die Zufriedenheit der Kinder mit der Anzahl ihrer Freunde und mit der Qualität der Freundschaften als einen Indikator für

Wohlbefinden ausgewählt. Allerdings ist unklar, ob Kinder möglichst viele Freunde haben sollten, um sich wohlzufühlen oder ob es nicht eher darauf ankommt, welche Qualität ihre Beziehungen haben. Ich denke, dass man nach wie vor beide Aspekte berücksichtigen sollte, denn nur wenn Kinder möglichst zahlreiche und gute Gelegenheiten haben, Freundschaften zu schließen und Freunde zu treffen, so kann man davon ausgehen, dass sie auch die Wahl zwischen mehreren Freunden haben.

So zeigt unsere Studie von 2010, dass zwar die Schule eine wichtige Kontaktbörse ist und die Kinder sie vielfach auch deshalb schätzen, weil sie die Möglichkeit bietet, dort die Freunde zu sehen. Aber gerade die Art und Weise der Freizeitgestaltung und welche Möglichkeiten Kinder hier aufgrund der Ressourcen ihrer Eltern haben, eröffnet oder aber verschließt Kindern weitere Möglichkeiten, Freunde kennenzulernen. In diesem Zusammenhang darf man sich nichts vormachen, sozial benachteiligte Kinder haben gerade in der Freizeit ein sehr enges Spektrum, Freunde zu finden, wohingegen unsere »vielseitigen Kids«, wie wir die Kinder mit sehr kreativen Interessen und Aktivitäten genannt haben, im Vergleich die meisten Freunde haben. Diese Kinder aber kommen aus eher privilegierten Verhältnissen, in denen die Eltern erstens über das nötige Geld für Musikschule, Sportverein und anderes verfügen, die zweitens auch Zeit haben, ihre Kinder, wenn sie noch jung sind, zu begleiten und die drittens ein Interesse daran haben, dass ihre Kinder in der Freizeit aktiv sind, Bildung erwerben und die viertens ein Bewusstsein dafür entwickeln konnten, wie wichtig Kinderfreundschaften sind und dementsprechend diese zu fördern versuchen. Insofern muss an dieser Stelle sehr deutlich gesagt werden, dass die Möglichkeit für Freundschaften auch einen Teil sozialer Ungleichheit für heutige Kinder ausmachen.

Sehr hartnäckig hält sich die Vorstellung, dass heutige

Kinder einen Terminkalender führen müssen und keine Zeit mehr für das Spiel mit Freunden haben. Dies mag durchaus für den einen Jungen oder das andere Mädchen zutreffen, aber keineswegs für die Mehrheit der Kinder in Deutschland. Laut unserer Untersuchung steht bei den Freizeitaktivitäten das Treffen mit Freunden ganz oben, und zwar sowohl für Kinder ohne als auch für Kinder mit einem Migrationshintergrund. Freizeit ist somit sehr stark vom freundschaftlichen Zusammensein geprägt, Kinder fahren Fahrrad zusammen, spielen, auch am Computer, bauen, hören Musik oder »hängen rum« mit ihren Freundinnen und Freunden. Auch geben Mädchen zwischen sechs und elf Jahren an, Jungen zu ihren Freunden zu zählen. Umgekehrt verhält es sich ebenso. Gleichwohl sind die Freundesgruppen eher vom gleichen Geschlecht, und es zeigt sich auch der eine oder andere Geschlechterunterschied in der Freundschaftspflege und -gestaltung. So scheinen etwa Mädchen eher über ihre Gefühle mit ihrer Freundin zu sprechen als Jungen dies angeben, aber beide Geschlechter sind mehrheitlich sehr zufrieden mit ihren Freundschaften.

Eine ganz andere Frage ist, ob Kinder mit Migrationshintergrund auch zu den Freunden der einheimisch deutschen Kinder gehören. Dort, wo Kinder unterschiedlicher Herkunft aufeinander treffen, also wiederum überhaupt die Gelegenheiten haben, kommen sie auch freundschaftlich miteinander in Kontakt.

In unserer Befragung von mehr als 2500 Kindern kamen wir auf gerade mal 37 Kinder mit Migrationshintergrund, die angaben, keinen Kontakt zu Deutschen zu haben. Genau zu prüfen ist, ob sich im Verlauf der Kindheit und dann in der Jugend innerhalb der Freundesgruppen eine gewisse Angleichung hinsichtlich der sozialen Herkunft herausbildet. Für Kinder, die in Armut leben, trifft dies auf jeden Fall und schon in einer sehr frühen Phase zu: Sie haben kaum Gelegenheit, mit einem Kind aus besseren sozialen Verhältnissen befreundet zu sein. Sollte sich doch eine Freundschaft zwischen Kindern aus sozial sehr unterschiedlichen Elternhäusern entwickeln, so kann dadurch auch ein ziemlicher Druck entstehen. Dies beschreibt beispielsweise Ulla Hahn in ihrem Roman »Das gesprochene Wort«. Hier lernt das Mädchen aus einer Arbeiterfamilie und – wie man heute sagt – einem bildungsfernen Elternhaus, Freundinnen aus sozial besseren Schichten auf dem Gymnasium kennen. Ihre Besuche in der bürgerlichen und gut situierten Familie führen sie immer wieder in eine andere Welt und tragen ein Stück weit zur Entfremdung von ihren Eltern, aber auch zur Scham über deren einfache Lebensverhältnisse bei. Anrührend beschreibt Hahn die Vorbereitungen ihrer Mutter für die Namenstagfeier der Tochter: »Wir waren beide aufgeregt. Zum ersten Mal kamen nicht nur Kinder aus der Nachbarschaft in unser Haus. Sogar eine Rolle richtiges Klopapier stellte die Mutter neben den Deckel vom Plumpsklo. Wenn nur keine musste! Meine Aussprache hatte ich aus der Welt schaffen können, das Plumpsklo nicht.« (Hahn 2003, S. 190) So eine Begebenheit hätte auch in Zsusza Bánks Geschichte auftauchen können, weil Aja und ihre Mutter Evi erstens Migranten waren, zweitens war Evi Analphabetin und drittens verfügten sie im Vergleich zu Theresas und Karls Familien über sehr wenig Geld. Hier helfen offenbar die Freundschaft der Mütter und die große Anhänglichkeit aller an die ehemalige Trapezkünstlerin Evi, die zum Abschied stets ein Rad schlug und alle in ihrer Warmherzigkeit ummantelte, die sozialen Differenzen zu überwinden. »Seit unsere Mütter an einem Winterabend in Évis Küche angefangen hatten, du zueinander zu sagen, hatten auch wir Kinder Namen. Karls Mutter Ellen hatte Aja und mich früher nie mit Namen angesprochen, aber jetzt sagte sie Therese und Aja, und wir wunderten uns, dass sie unsere Namen kannte, wo sie uns immer nur die Mädchen genannt und Karl gefragt hatte: Siehst du die Mädchen heute?, Gehst du morgen zu den Mädchen? Oder: was machen eigentlich die Mädchen?, wenn sie fand, er habe schon zu lange in seinem Zimmer gesessen und, weil es regnete, bunte Murmeln gegen sein Fenster geworfen.« (Bánk 2011, S. 239)

Hat all das noch mit der Welt unserer Kinder heute etwas gemeinsam? Ja, davon können wir ausgehen, denn Kinder nehmen soziale Unterschiede und sozial bedingte Lebensformen durchaus wahr. Vielleicht muss sich heute kein Kind in Deutschland mehr für das häusliche Plumpsklo schämen, aber es gibt Vergleichbares.

Diese Romanauszüge führen mich abschließend auf ein Feld, auf dem wie kaum sonst irgendwo das Thema Freunde und Freundschaften von Kindern so präsent ist: die Kinder- und Jugendliteratur. Sie enthält fast unendlich viele Geschichten von Freundschaft, beglückenden und traurigen Erfahrungen mit Freundinnen und Freunden, ich bin fast versucht zu sagen, dass Freundschaftsgeschichten mit ihren Hochs und Tiefs zu einem Lebenselixier der Kinder- und Jugendliteratur gehören. Allein deshalb ist es wichtig, dass Kinder das eine oder andere aus diesem Fundus kennenlernen, denn auch hier finden sich Vorbilder oder aber ihr Gegenteil und mit der Philosophin Martha Nussbaum gesprochen, verhilft uns die Literatur auch zur Perspektivübernahme, zum Eintauchen in andere, uns vielleicht fremde Welten und zur Herausbildung eines unverzichtbaren Gefühls, nämlich dem Mitgefühl.

Freunde in der Kinder- und Jugendliteratur und was man daraus lernen kann

Eine ganze Reihe von literarischen Kinder- und Jugendfreundschaften ließe sich hier aufzählen, etwa die von Tom Sayer und Huckleberry Fin oder von Pippi Langstrumpf, Tom und Annika, von Harry Potter, Ron und Hermine, von Jim Knopf und Lukas, vom kleinen Tiger und vom kleinen Bär, von den Comic Klassikern Calvin und Hobbes, von Winnie Pu, Christopher Robin und Ferkel. Diese Freunde haben gemeinsam Unsinn im Sinn, sie bestehen gefährliche Abenteuer, sie spielen Sachensucher, suchen und entdecken Panama. Bei all diesen Aktivitäten in den Geschichten finden die Heldinnen und Helden wiederum neue Freunde und sie machen sich auf die Spur vom »Heffalump« wie Pu und Ferkel und auch wenn Ferkel sich über den Freund ärgert, weil es selbst nicht auf diese gute Idee gekommen ist, einen »Heffalump« zu fangen, steht es Pu selbstverständlich zur Seite (Milne 1998, S. 64).

Ein besonders eindrücklicher Roman für die Entstehung einer Freundschaft unter äußerst widrigen Bedingungen, in denen den Protagonistinnen kaum Liebe und Respekt zugestanden wird, ist Mirjam Presslers (1995) »Wenn das Glück kommt, muss man ihm einen Stuhl hinstellen«. Pressler erzählt die Geschichte des Mädchens Halinka, das in einem Heim im Deutschland der Nachkriegszeit aufwächst. Die Gründe werden nur angedeutet, die Beschämung der Kinder durch die eigenen Eltern nicht ausgebreitet. Trist und rigide, durch Angst und Repressalien – nicht zuletzt von älteren Heimkindern – wird der Alltag der Kinder ohne Privatheit beschrieben. Schlaflos verbringt Halinka einen Teil der Nächte in einem Versteck auf dem Dachboden und schreibt ihre intimen, privaten Gedanken in ein Buch. Einschlafen kann sie auch deshalb oft nicht, weil ein anderes Mädchen, Renate, dessen Mutter im Gefängnis sitzt, allabendlich weint. Eines Nachts nimmt Halinka sie mit in ihr Versteck, das ist der vorsichtige Beginn einer Freundschaft, und Renate schlägt vor, dass sie sich jeweils etwas Schlimmes von sich erzählen, um so ihre Freundschaft zu besiegeln.

»Ich hatte daheim eine Freundin, sagt Renate langsam. Wir haben uns als Beweis unserer Freundschaft das Schlimmste erzählt, was wir in der letzten Zeit erlebt haben. Etwas, wofür wir uns geschämt haben.

Ich starre sie an. Ich habe noch nie jemandem etwas Schlimmes erzählt, noch nicht einmal Tante Lou. ...

Wenn man einer Freundin etwas erzählt hat, wofür man sich schämt, kann man nie mehr gemein zu ihr sein oder sie verraten, sagt sie. Weil sie einen dann ja auch verraten könnte.

Das sehe ich ein. Trotzdem stört mich etwas an dieser Vorstellung.« (Pressler 1994, S. 97)

In dieser Szene wird die zuvor thematisierte Ambivalenz angesprochen. Sich radikal zu vertrauen, kann eben auch bedeuten, in Abhängigkeit zu geraten. Freundschaft ist bei diesen Kindern aber durchaus auch die radikale Entscheidung, zu vertrauen, sich eine Blöße zu geben, sich auszuliefern. Ich habe weiter oben bereits erwähnt, dass es beim Erzählen von Geheimnissen nicht nur darauf ankommt, dass diese nicht verraten werden. Vielmehr geht es auch um die Wertschätzung, selbst nachdem man sich vielleicht eine Blöße gegeben hat.

Liest man den Roman aus einer sozialwissenschaftlichen Perspektive, so stellt sich auch hier wieder die Frage, unter welchen Bedingungen Kinder die Gelegenheit haben, Freunde kennenzulernen und welche Fähigkeiten sie benötigen, Freundschaften zu entwickeln und aufrecht zu erhalten. Darüber hinaus muss man sich mit dem Sinn und den Sinnzuschreibungen von Freunden und Freundschaften befassen. In der Geschichte von Halinka geht es um die

Chance, glücklich zu sein und unter schwierigen Lebensumständen die Möglichkeit zu erhalten, Vertrauen in andere Menschen und in sich selbst zu entwickeln, und schließlich um das Private zu kämpfen.

Vertrauen ist auch bei heutigen Kindern ein zentraler Wert, wenn sie Freundschaften beschreiben. So legt in der ersten World Vision Kinderstudie die elfjährige Monique dar, was eine gute Freundin ausmacht: »Ja, dass man der vertrauen kann und dass sie nicht alles weitererzählt.« (World Vision 2007, S. 344) In dieser Studie haben wir auch gefragt, was Kinder bei Kindern beliebt macht. Beliebt sind diejenigen Kinder, die immer zu ihren Freunden halten, die anderen helfen und die viel lachen und lustig sind. Diese Komponente wurde bislang noch nicht angesprochen, nämlich die Frage, was Kinder beliebt macht, und ganz offensichtlich spielt neben Verlässlichkeit auch Humor eine wesentliche Rolle.

Doch Kinderfreundschaften werden in der Literatur auch über andere Gefühle wie etwa Schuld oder Scham verhandelt: Vor wenigen Jahren erschien »Drachenläufer«, das Buch des in Afghanistan geborenen Autors Khaled Hosseini. Dieses Buch erzählt die Geschichte zweier mutterlos aufwachsender Jungen: Amir, dessen Vater in Kabul großen Einfluss besitzt und Hassan, dessen Vater zu den rechtlosen Hazara gehört und als Diener im Haus Amirs und seines »Babas« tätig ist. Beide Väter sind ebenso wie die Jungen gemeinsam – wie Brüder – aufgewachsen. Amir hat immer das Gefühl, die Erwartungen seines Vaters nicht erfüllen zu können und er trägt an der in seinen Augen großen Schuld, dass die Mutter bei seiner Geburt gestorben ist. Viele gemeinsame Stunden verbringt der Halbwaise mit dem gleichaltrigen Hassan, der weder lesen noch schreiben kann, und der auch in Situationen der Gefahr in einer unverbrüchlichen Treue zu seinem Freund steht.

Im Anschluss an den traditionellen Drachenkampf wird

Hassan von drei älteren Jungen überfallen und am Ende einer dunklen Straße brutal vergewaltigt. Dabei schaut Amir aus einem Versteck regungslos vor Schreck, und vor Angst erstarrt, zu, ohne dem Freund zu helfen. Die Schuld, die ihn danach belastet und vor allem die Scham über seine Feigheit und seinen Verrat, lassen das Kind nicht mehr los und machen es beiden Kindern fortan unmöglich, ihre Freundschaft weiterzuleben.

Diese Geschichte zeigt, Freundschaft unter Kindern kann ebenso wie die unter Erwachsenen mit Schuld und Scham, mit Verrat und Trauer verbunden sein. Auch in der Not dem Freunde beizustehen, ist eine große Herausforderung und Freunde zu verlieren bzw. den Bruch der Freundschaft zu erfahren, kann zum Erfahrungsspektrum heutiger Kinder auch unter weitaus weniger dramatischen äußeren Umständen gehören.

Freundschaft ist eine privilegierte zwischenmenschliche Beziehung und man kann im Interesse von Kindern die Frage stellen, ob sie überall ihre Freundschaften ungehindert leben können. *Freundschaft lässt sich als Fähigkeit definieren, die mit dazu beiträgt, ja eine Voraussetzung dafür ist, überhaupt ein tugendhaftes Leben zu führen, und sie ist eine Fähigkeit, die erheblich für ein gelingendes oder glückliches Aufwachsen verantwortlich ist.* Ob sich ein Kind in der Kindertagesstätte und in der Schule wohlfühlt, hängt in einem nicht geringen Ausmaß davon ab, ob es dort Freunde hat, integriert und anerkannt ist, ob es sich mit seinen Vorstellungen einbringen kann, sich als wirksam erfährt und auch in Konflikten nicht grundsätzlich in Frage gestellt wird.

Kapitel 8

Wenn der »Ernst« des Lebens beginnt

Was Kinder von der Schule erwarten

Schule, Teil unserer Alltagswelt

Erinnern Sie sich? An die Farbe des Schulranzens, an die mit bunten Stiften gefüllte Federtasche? Manchen Stiften meinte man die bevorstehenden Schreibübungen schon ansehen zu können. Und erinnern Sie sich auch an die Schultüte, in der sich manche Leckerei und kleine Überraschung verbarg und die Sie am ersten Schultag in den Arm gedrückt bekamen? Oder gehörten Sie zu den Kindern, die beim Fotografen eine nur geliehene und entsprechend federleichte, leere Schultüte erhielten? Dann haben Sie vielleicht die Aufforderung, doch zu lächeln an diesem besonderen Tag, als besonders gemein empfunden. Denn wie soll das gehen, wenn man eine federleichte, leere Schultüte aus dem Fundus des Fotostudios hält und keine prall gefüllte eigene bekommen hat? Als ob es für ein Kind nicht einen gewaltigen Unterschied macht, das Gewicht seiner spitz zulaufenden Tüte zu spüren und in Gedanken an das Vergnügen, ihren Inhalt zu erkunden, auch zu lächeln oder mit Stolz die Insignien des Schulkindes in die Kamera zu halten.

Vielleicht erinnern sich manche auch noch daran, mit welchen Erwartungen sie der bevorstehenden Schulzeit entgegen blickten, welche inneren Bilder sie von sich selbst als Schulkind hatten. Schule gehört schon lange zur

Lebenswelt heutiger Kinder, wenn auch nicht überall auf der Welt. Schulgebäude gehören zum Stadtbild, in keiner Schreibwarenabteilung fehlen Schulhefte, Patronen, Füller oder das Geodreieck, und in vielen Haushalten gibt es sicherlich noch alte Schulbücher, teils von Verlagen, die auch heute noch das Mathebuch oder die Lesefibel herausgeben. Da viele Dinge rund um die Schule selbstverständlich in unserem Alltag sind, wissen unsere Kinder auch bereits vor Schuleintritt, dass sie irgendwann ein Schulkind sein werden, und sie entwickeln aufgrund dessen, was ihnen von Erwachsenen erzählt wird, was sie an älteren Kindern beobachten oder was sie im Fernsehen sehen, ihre ganz persönlichen Vorstellungen. Vermutlich können viele Mütter und Väter auch beobachten, wie ihre Kinder Schule spielen und wie sie miteinander verhandeln, wer Schulkind und wer die Lehrerin ist. Anhand solcher Rollenspiele werden die Phantasien über die Schule wunderbar ausgelebt und so manches Kind insistiert durchaus über das Spiel hinaus auf die Umsetzung seiner Vorstellungen. So wollte zum Beispiel die aufgeweckte Ayran einen Tag vor ihrem sechsten Geburtstag und wenige Tage vor der Einschulung unbedingt zum Zahnarzt, damit der seit Wochen wackelnde Schneidezahn gezogen werden und sie mit einer ordentlichen Zahnlücke durchs Schultor gehen konnte. Das Kind konnte einfach nicht glauben, dass man ohne Zahnlücke ein echtes Schulkind und in die erste Klasse aufgenommen wird.

Schule, der Ernst des Lebens?

Fast so wichtig wie die Zahnlücke, für die sich Ayran auch freiwillig auf den großen Sessel des Zahnarztes legt, ist ihr aber selbstverständlich auch ihre Schultüte. Die Schultüte hat in Deutschland eine lange Tradition. Schon vor mehr als 100 Jahren sind Kinder damit ausgestattet worden, um ihnen den Eintritt in den »Ernst des Lebens« etwas zu versüßen. Allerdings war dieses Geschenk anlässlich der Einschulung eher in den begüterten bürgerlichen Familien üblich, längst nicht jedes Kind hatte Eltern, die sich so etwas leisten konnten, und auch heute gibt es Kinder in Deutschland, für die eine gefüllte Schultüte keine Selbstverständlichkeit ist.

Gleichwohl enthalten sicherlich viele Familienalben Fotografien, die ein sechs- oder siebenjähriges Kind mit oder ohne Zahnlücken zeigen, in meist noch sommerlichen Kleidern. Oft steht das Kind mit einer etwas schrägen Körperhaltung im Bild, damit auch der Ranzen auf dem Rücken zu sehen ist und manches Kind hält auch jene spitz nach unten zulaufende Schultüte in die Kamera. So wie Torben, von dessen Einschulung bereits im ersten Kapitel berichtet wurde, und dem seine mit einem Krokodilkopf gekrönte Schultüte sichtlich am Herzen lag. Wichtig war ihm aber auch die Anwesenheit der ganzen großen Familie, denn neben Mutter, Vater und Schwester waren auch alle vier Großeltern angereist, und mit Torben zusammen bildeten sie eine richtige Prozession auf dem Weg zur Einschulungsfeier. Auch Torben wird sich sicherlich später einmal anhand der Fotografien an diesen besonderen Tag erinnern.

Gibt man heute den Suchbegriff »Schultüte« in einer Suchmaschine des Internets ein, so finden sich zahlreiche Seiten, die entweder kommerziell sind und Schultüten aller Art zum Kauf anbieten oder die Bastelanleitungen geben. So werden die Kinder selbst angesprochen, denn mit ihnen lässt sich, zumal wenn sie in die Schule kommen, viel Geld verdienen.

So heißt es etwa auf einer Internetseite für kostenlose Ausmalbilder: »Was ist aber in einer Schultüte drin? Das ist sehr unterschiedlich. Deine Eltern werden wohl die Schultüte füllen, denn sie wissen, über was Du Dich am meisten freust und was Dir am besten schmeckt. Sei nicht zu neugierig und lasse Dich einfach überraschen. Dein erster Schultag wird so aufregend und interessant sein, dass Du Dir eine solche Überraschung auch verdient hast. Und Du darfst auch nicht vergessen, eine Schultüte gibt es nur einmal in einem Leben. Sie ist schon deshalb etwas ganz Besonderes.« (http://www.kostenlose-ausmalbilder.de/vorlage/motive/ schule/schultuete.php, Zugriff am 12.8. 2011)

Genau, eine Schultüte gibt es vermutlich wirklich nur einmal im Leben, es sei denn, wie dies in den letzten Jahren häufiger vorkommt, man bekommt bereits als jüngeres Geschwisterkind eine kleine Schultüte, damit der wichtige Tag nicht durch ein Eifersuchtsdrama des jüngeren Bruders oder der kleinen Schwester getrübt wird. Auf jeden Fall handelt es sich bei der Schultüte um ein Symbol des Übergangs, das zur Freude des Kindes aber nicht nur einen hohen Symbolwert hat, sondern sehr materiell ist, weil sie eben schöne Dinge enthält. Damit sind wir bei der ganz offensiven Gestaltung eines Übergangs, ja man könnte sagen bei einer Art Ritual der Kindheit. *Nichts läutet so unmissverständlich die moderne Kindheit ein, wie der Eintritt in die Schule.* Dies wird durch die Formulierung verschiedener Pflichten unterstützt: die Pflicht der Kinder, sich einzufügen, die Pflicht der Eltern, den regelmäßigen Schulbesuch zu gewährleisten und die Pflicht des Staates, Schulgebäude und Lehrkräfte in ausreichendem Maße bereitzustellen und auch Sorge zu tragen für die Ausbildung der künftigen Lehrerinnen und Lehrer.

Zuweilen wird angesichts dieses bedeutungsstarken Rituals der Einschulung vergessen oder zumindest in den Hintergrund gedrängt, dass das Kind bereits mit einer ganz individuellen Vergangenheit kommt, dass es eine Geschichte und eine erste Lernbiographie mitbringt. Ob und wie diese frühere Geschichte zu den nun neuen Anforderungen an das Schulkind passt, erfahren das Kind selbst und die Eltern meist recht schnell, und für manche kann es mit einem echten Schrecken verbunden sein.

Die meisten Erwachsenen haben vermutlich den Spruch, mit dem früher und oft auch heute noch das Ritual der Einschulung begleitet wurde, gehört, vielleicht auch schon selbst einem Kind gesagt: »Jetzt beginnt der Ernst des Lebens!« Hält man jedoch einen Moment inne und fragt sich, warum genau diese Floskel mit der Schule verbunden wird und nicht etwa »jetzt kannst du ein Liebesverhältnis zur Welt des Wissens beginnen« oder »jetzt fängt das Leben richtig an« oder »jetzt können dir die Erwachsenen bald nichts mehr vormachen« oder »jetzt beginnt der Spaß des Lernens und Entdeckens«, so landet man bei der Geschichte der Schule, die keineswegs nur ein Ruhmesblatt der Pädagogik darstellt.

Was mag im Kopf eines Kindes vorgehen, dem prophezeit wird, jetzt beginne der Ernst des Lebens? Diskutiert man mit Kindergartenkindern, kurz vor dem Ende ihrer Kindergartenzeit, so können sie auch heute durchaus etwas damit anfangen, vor allem wenn sie ältere Geschwister und durch diese schon mitbekommen haben, dass es bei den Schularbeiten manchmal Streit mit der Mutter gibt oder wenn sie gehört haben, dass man manchmal neben einem Kind sitzen muss, mit dem man sich gar nicht versteht. Auch ohne ältere Geschwister wissen sie um die große Bedeutung ganz einfacher Fragen für ihren Alltag, etwa ob die Lehrerin nett ist und nicht zu streng oder ob in der Ganztagsschule das Mittagessen schmeckt. Solche Fragen, Geschichten und Überlegungen sind durchaus eine ernste Angelegenheit für Kinder, man kann verstehen, dass sich bei dem Gedanken daran manche Stirn einer Sechsjährigen in nachdenkliche Falten legt. Trotzdem sei die Frage gestattet, ob sie selbst – wie die Erwachsenen – auf die Idee kommen, ihr Leben an sich sei damit zu einer ernsten Angelegenheit geworden.

In den Gruppendiskussionen, die wir im Rahmen eines Forschungsprojekts in Kindergärten geführt haben, erzählen die Kinder sehr lebhaft von ihren Vorstellungen über die Schule. Manchmal meint man, diese Kinder ahnen mehr als sie wirklich wissen. Aber in vielen Passagen wird immer wieder darüber gesprochen, dass sie sich in der Schule stärker als bisher anpassen müssen. Auch wenn das Schulmobiliar heute nach ergonomischen Maßstäben gebaut ist und Kinder nicht mehr – wie dies bei den alten Schulbänken, die man in kleinen Schulmuseen noch besichtigen kann – eingeklemmt sitzen müssen, thematisieren Kindergartenkinder beispielsweise, dass man in der Schule »still sitzen muss«. Ein anderes Thema der Kinderwelt vor der Schule verbunden mit ihren Gedanken, was sich ändern wird, ist der zeitliche Rhythmus. Kinder diskutieren erstens sehr kontrovers, wie lange man überhaupt die Schulbank drücken muss und wie uralt man am Ende der Schulzeit wohl sein mag. Ein Mädchen glaubt sogar, es sei schon in der tausendsten Klasse, wenn die kleine Schwester eingeschult wird, und ein Junge erklärt »ich weiß sogar, dass man wenn man schon ganz lange in der Schule ist, irgendwann in der Pubertät steckt«. Die bevorstehende Schulzeit kommt Kindern jedenfalls zunächst einmal unendlich lang vor.

Sodann stellen Kinder sich eindringlich die Frage, wie eigentlich so eine »Stunde«, die zeitliche Struktur in der Schule aussehen mag, und ob sie da immer mitmachen müssen. Oh ja, lautet dann die Antwort von Kindern mit älteren Geschwistern, man müsse immer das machen, was einem gesagt wird. Insgesamt ist für Kinder die zeitliche Ordnung des Tages offenbar von großer Bedeutung. Der gerade erst sechs Jahre alt gewordene Ben gibt uns seine Version eines Tages im Interview genau wieder und dabei können wir seine institutionellen Etappen auch gut rekonstruieren: »Und dann gehe ich manchmal noch in den Frühhort. Weiß noch nicht, wann die Schule anfängt. Dann haben wir noch zwei Stunden in der Schule, und dann haben wir schon Frühstück. Und manchmal haben wir auch nur eine [Unterrichtsstunde]. Dann haben wir Pause. Es gibt noch ganz viele Stunden. Ich hab die in meinem Schulranzen, im Hausaufgabenheft. Manchmal vier, manchmal fünf. Dann gehe ich in den Späthort, da müssen wir dann Hausaufgaben machen, nur nicht am Mittwoch, dann ist hausaufgabenfrei.« (World Vision 2010, S. 244)

Ahnen die Kinder eigentlich an ihrem Einschulungstag, dass von nun an der Rhythmus der Schule auch der ihre sein wird, und stellen sie sich vor, dass fortan die meisten Konflikte mit ihren Eltern schulischer Art sein werden? Tragen sie den neuen schicken Ranzen in dem Bewusstsein, dass er ihnen einmal eine schwere Last, eine seelische Bürde sein könnte und die hübschen, unschuldig weißen neuen Hefte als verhasste Objekte des Misserfolgs angesehen werden könnten? Noch einmal: Vermutlich haben sie an diesem Tag keine solchen Gedanken, ihre Eltern schon eher, weil sie sich sorgenvoll fragen, ist mein Kind wirklich schulfähig? Wie ist es mir ergangen in meiner Schulzeit? Erkenne ich mich selbst vielleicht in meinem Sohn, der oft verträumt ist oder meiner Tochter, die gar nicht still sitzen mag, wieder?

Freude und Frustrationen

Bei den Kindern überwiegen hoffentlich Aufregung und Vorfreude zu Beginn ihrer Schulzeit, sie sind motiviert und wollen lernen. Doch diese Gefühle werden sich bei den meisten Kindern ändern, oder andere Gefühle können markanter hervor treten: Zahlreiche Studien belegen das Verschwinden der Lernfreude mit jedem weiteren Schuljahr. So können einzelne Jahrgänge – etwa die siebte oder achte Klasse – zu einer echten Qual werden. Und das ist dann vielleicht der wahre »Ernst des Lebens«, den man den Kindern bereits im letzten Kindergartenjahr prophezeit hatte. Gute Schulen machen sich darüber viele Gedanken und versuchen mit neuen Konzepten diese schulmüden Lebensjahre in der Kindheit anders zu gestalten.

Genau an solchen Überlegungen und handfesten Krisen erweist sich die Umkehrung traditioneller Erwartungen möglicherweise als hilfreich. Vielleicht sollten wir uns an diesem Punkt für das Wohlbefinden der Kinder einsetzen und darüber nachdenken, wie die Schule kindfähig werden kann und nicht nur wie wir die Kinder vor Schulbeginn schulfähig machen. *Es ist von großer Bedeutung, wenn einzelne Schulen neue Wege gehen und darüber nachdenken, was sie ändern können, um möglichst allen Schülerinnen und Schülern mit ihren unterschiedlichen Persönlichkeiten, in den verschiedenen Altersphasen und angesichts unterschiedlicher Interessen und Elternhäuser möglichst gerecht zu werden.* Das ist eine besondere Herausforderung für alle Bildungsabschnitte, und hier sind nach wie vor Ideen gefragt.

Doch zurück zur ersten Schulphase, in der sich die Frage der Schulfähigkeit besonders stellt. Ein Blick in autobiographische Schriften oder Romane gibt einen Eindruck, welche Erwartungen Kinder selbst an sich stellen, was sie von ihrem ersten Schultag erhoffen und wie sie sich fühlen. Die französische Philosophin und Frauenrechtlerin Simone de Beauvoir beschreibt dies in ihrer Autobiographie »Memoiren einer Tochter aus gutem Hause«: »Im Oktober 1913 – ich war damals fünfeinhalb Jahre alt – wurde beschlossen, mich in eine Privatschule mit dem verlockenden Namen ›Cours Désir‹ zu schicken. Die Leiterin der Unterstufe, Mademoiselle Fayet, empfing mich in einem feierlichen, mit schweren Portieren verhangenen Arbeitszimmer. Während sie mit Mama sprach, strich sie mir liebevoll über das Haar. ›Wir sind keine Lehrerinnen‹, erklärte sie, ›sondern Erzieherinnen‹. Sie trug einen hohen Spitzenkragen, einen langen Rock und kam mir etwas zu salbungsvoll vor: Mir war immer alles das lieber, wovon ein gewisser Widerstand ausging. Am Tage vor meinem ersten Unterricht hüpfte ich gleichwohl vor Vergnügen auf dem Vorplatz umher: ›Morgen gehe ich zur Schule!‹ – ›Du wirst das nicht immer so lustig finden‹, sagte Louise zu mir. Diesmal irrte sie sich, dessen war ich gewiss. Der Gedanke, von nun an ein Leben für mich allein zu haben, berauschte mich. Bis dahin hatte ich nur gleichsam nebenher mit Erwachsenen gelebt; von nun an aber würde ich meine Schultasche, meine Bücher und Hefte, meine Aufgaben haben; meine Wochen und Tage würden nach meinem eigenen Stundenplan ihre Einteilung erhalten.« (de Beauvoir, 1987, S. 22/23)

Es gibt Fotografien von Simone de Beauvoir, auf denen sie zwischen fünf und sechs Jahren, also genau in dem Einschulungsalter ist und die zeigen ein zartes Mädchen, mit langen dunklen Locken und einem sehr entschlossenen Gesichtsausdruck. Beim Betrachten fällt es nicht schwer, sich vorzustellen, dass dieses Kind voller Tatendrang ist und die Schule erobert hat. Davon zeugen auch die Erzählungen, wie Simone als ältere Schwester mit der zwei Jahre jüngeren Schwester Schule gespielt und diese unterrichtet hat.

Simone de Beauvoir konnte als Mädchen nicht genug von der Schule bekommen und behielt ihren Lerneifer bei, wenngleich auch bei ihr die Begeisterung für die Schule abnahm. Bei dieser Lebensgeschichte könnte man vermutlich die Diagnose wagen, unabhängig von der Schule, die es besuchte: dieses Kind war schulfähig. Vielleicht war Simone de Beauvoir auch hochbegabt und in der Lage, ihre besonderen Begabungen stets einzubringen. Das gelingt im Übrigen längst nicht allen Kindern, bei denen eine Hochbegabung festgestellt wurde.

Bei genauer Betrachtung von Familienalben lässt sich anhand der verschiedenen Fotografien manchmal erahnen, dass man dem abgelichteten Kind eine kindfähige Schule wünscht. Manche frisch gebackene Schülerin schaut durchaus freudig erregt in die Kamera, eine andere blickt aber doch eher schüchtern dem Neuen entgegen. Und was ist mit dem Jungen, der wirklich ängstlich und sorgenvoll darüber nachzudenken scheint, was ihn wohl erwartet? Bei vielen Kindern wird sich eine Mischung aus Freude und Anspannung ergeben, ihre Gefühle werden ambivalent sein.

Spricht man schließlich mit Kindern in der dritten oder gar vierten Grundschulklasse, dann haben sie auf jeden Fall eine Lektion gelernt: Sie wissen, entscheidend ist, auf welche weiterführende Schule sie kommen, wenn ihre Grundschulzeit vorbei ist. Kinder mit Hauptschulempfehlungen können, jung wie sind, schon einen resignierten Eindruck vermitteln angesichts ihrer bevorstehenden Schulzeit, und alle Kinder haben oft genug gehört, dass mit dem später erreichten Schulabschluss Lebenschancen zusammenhängen. In unseren World Vision Kinderstudien haben wir die Kinder nach ihren Bildungsaspirationen gefragt, also ihren angezielten Schulabschlüssen, und konnten einen signifikanten Zusammenhang mit den Schulabschlüssen der Eltern erkennen. Kinder, deren Eltern keinen oder einen niedrigen Schulabschluss haben, streben selten für sich selbst den höchsten Abschluss, also das Abitur, an. Für Kinder, deren Eltern den Abschluss der Hochschulreife erworben haben, ist das Abitur als Ziel fast eine Selbstverständlichkeit.

Dieser Zusammenhang wurde bislang noch durch keine Bildungspolitik nachhaltig durchbrochen, und dafür gibt es unterschiedliche Gründe. Einer soll an dieser Stelle genannt werden, nicht nur die Rollenvorbilder der Eltern sind einflussreich, sondern auch die persönlichen Gefühle, die Eltern mit der Schule verbinden, die Erfahrungen, die sie gemacht haben und den Sinn, den sie in einer guten Schulbildung sehen. Nicht jede Mutter, die selbst aufgrund der historischen oder persönlichen Umstände eine geringe Schulbildung erhalten und auch manch schlechte Erinnerung an die Schulzeit hat, ist in der Lage, ihrem Kind ein positives Bild von der Schule zu vermitteln etwa durch den gerne wiederholten Satz »Was du im Kopf hast, kann dir keiner nehmen«.

Wir kommen letztlich nicht umhin, möglichst alle Eltern von der Bedeutung der Schule und der Bildung zu überzeugen, sie zu gewinnen, und hier sind alle in der Pflicht, nicht zuletzt die Schule und die dort tätigen Lehrkräfte selbst. Es lässt sich nicht schönreden, dass eine noch so gute Bildungspolitik das häusliche Lernen ganz und gar ersetzen könnte. Es wird immer auch auf Mutter und Vater, auf die Großeltern oder andere Familienmitglieder ankommen, das Kind durch die Schule zu begleiten. Das führt mich wieder zu den Erstklässlern und dem Übergang von der Kita in die Grundschule, denn dessen Gestaltung wird als entscheidend angesehen und zunehmend kritisch in den Blick genommen. Damit verbunden ist wiederum die Frage, die im nächsten Kapitel besprochen wird: Muss das Kind eigentlich schulfähig sein oder aber: muss nicht die Schule kindfähig werden?

Kapitel 9

Welche Schulen brauchen Kinder?
Kindfähige Lernorte gestalten

Auch dieses Kapitel ließe sich mit der Frage nach persönlichen Erinnerungen einleiten. Vielleicht haben manche noch vor Augen, wie sie von einer freundlichen Ärztin getestet wurden etwa ob sie eine Schere halten oder einen Stift führen, ob sie balancieren und auf einem Bein stehen konnten. Vielleicht durfte man auch die Schnürsenkel an den Schuhen auf und wieder zumachen. Wenn die Einschulung näher rückt, so wird vom schulärztlichen Dienst festgestellt, ob das Kind bereit für diesen neuen Lebensabschnitt ist, ob seine körperlichen, motorischen, geistigen und emotionalen Kräfte dafür ausreichen. Manchmal wird den Eltern empfohlen, noch ein Jahr zu warten, manchmal wird ihnen eine Alternative zur Regelschule vorgeschlagen.

Bei der Frage nach dem Beginn der Schulzeit haben wir es mit einem traditionellen »Konstrukt« zu tun: Es geht um die Definition, Feststellung und Messung von Schulfähigkeit oder wie man früher sagte, von Schulreife. Beide Begriffe bezeichnen die Erwartung, dass das Kind bestimmte Dinge können muss, um in der Schule mitzuhalten. Früher machte man sich relativ wenig Gedanken darüber, wie denn das Kind vor Eintritt in die Schule schulfähig werden kann und soll, man setzte die Möglichkeiten der Familie voraus. Heute wird sehr viel genauer nachgefragt, was vor der Schule mit den Kindern geschieht und wie und von wem sie gebildet oder eben befähigt werden. Es gibt auch sehr grundsätzliche Kritik an dieser einseitig formulierten Erwartung seitens der Schule.

Frühe Bildung

Wie sieht es aus mit der frühen, vorschulischen Bildung? Im vorigen Kapitel habe ich auf die Lernbiographien von Kindern vor der Schule hingewiesen. Ihre frühe Bildung erfährt derzeit eine große Aufmerksamkeit, weil man heute davon ausgeht, diese sei entscheidend für die Erfolge oder aber Misserfolge in der Schule. Wie so oft in der modernen Gesellschaft hat die Wirtschaft ein Umdenken eingeleitet, weniger im Interesse einzelner Kinder, sondern eher mit Blick auf das lernende Kind als »Humankapital« und damit im Interesse der Volkswirtschaft. Das heißt, es gibt auch wirtschaftliche Interessen an der Einführung der Ganztagsschule, weil damit den Müttern eine Berufstätigkeit möglich wird. Beide Interessen müssen sich nicht ausschließen, nur dürfen die Regeln und die Logik der Wirtschaft nicht die Gestaltung der Kindheit dominieren. Für ein glückliches Aufwachsen sind Kinder heute mehr denn je auf familienfreundliche Arbeitszeiten und damit auf die Verantwortung von Arbeitgebern angewiesen. Dennoch haben gerade Ökonomen einige wichtige und dringend notwendige Entwicklungen angestoßen. So ist mit den Analysen des Nobelpreisträgers für Ökonomie, James Heckman, das Bewusstsein dafür gewachsen, dass auch wirtschaftlich gesehen Investitionen in alle Kinder vor dem Eintritt in die Schule ökonomisch sehr rentabel sind.

Neben dem ökonomischen und volkswirtschaftlichen Argument der Rentabilität, gibt es aber vor allem eine Reihe von pädagogischen Gründen, besonders intensiv auf die frühe Bildung zu blicken, auf das Aufwachsen von Klein- und Vorschulkindern besonderes Augenmerk zu

162

richten und nicht zuletzt den Übergang des Kindes in das Schulsystem mit größerer Sorgfalt als in der Vergangenheit zu begleiten. *Kinder im Kindergartenalter sind normalerweise explorativ, das heißt, sie sind lern- und wissbegierig, sie wollen mit anderen Menschen, anhand der Natur und der sie umgebenden Dinge lernen, aber dafür sind sie auf gute Rahmenbedingungen angewiesen.*

In der heutigen Zeit gehören zu solchen Rahmenbedingungen eine möglichst sichere Lernumgebung und ein Netzwerk, das den Kindern und ihren Familien Bildungs- und Lernangebote macht, aber auch verlässliche Betreuungs- und Beratungsstrukturen bietet. Wie passt das zum »Ernst des Lebens«? Heute herrscht die Vorstellung vor, dass Schule eine sehr ernste Sache ist, aber der »Ernst des Lebens« schon viel früher beginnt und man deshalb den Übergang in die Schule als einen längeren und früher einsetzenden Prozess angehen muss. In diesen Übergangsprozess sollten möglichst alle einbezogen sein, alle, das sind die Erzieherinnen der Kita, die Lehrkräfte der Grundschule, die Eltern und natürlich auch die Kinder.

Der Übergang als sensible Phase

In Forschung und Praxis interessierte man sich lange primär nur für den Übergang von der Schule in den Beruf. Dass es bereits vor dieser Phase wichtige Übergänge gibt, steht mit der neuen Aufmerksamkeit für Bildungsprozesse in der frühen Kindheit in Zusammenhang. *Schon lange zeigen die Erfahrungen der Praxis, dass sich die Gestaltung von Übergängen zwischen Familie, Kindertagesstätte und Schule als komplexes und herausforderndes Feld der Gestaltung von Bildungschancen darstellt.*

Übergänge erzeugen für Kinder dann ein höheres Maß an Unsicherheit, wenn sie etwa ihre Eltern als unsicher erleben, wenn sie nicht genügend vorbereitet werden, Unklarheiten die Vorfreude auf das Neue überdecken oder wenn Kinder besondere Ängste ausprägen. *Gerade Ängste können das Erlebnis Schule erheblich beeinträchtigen und dadurch auch das Lernen behindern.* Kaum einer hat für solche Qualen der Kinderseelen eine so einfühlsame literarische Sprache gefunden, wie der in Berlin geborene Literaturwissenschaftler und Philosoph Walter Benjamin. In seiner autobiographisch angelegten Schrift »Berliner Kindheit um Neunzehnhundert« schildert er die inneren Qualen eines kleinen Jungen, der zu spät zur Schule kommt: »Die Uhr im Schulhof sah beschädigt aus durch seine Schuld. Sie stand auf ›zu spät‹. Und auf den Flur drang aus den Klassentüren, die ich streifte, Murmeln von geheimer Beratung. Lehrer und Schüler dahinter waren Freund ... Unhörbar rührte ich die Klinke an. Die Sonne tränkte den Flecken, wo ich stand. So schändete ich meinen grünen Tag und öffnete. Niemand schien mich zu kennen. ... Ich sollte nicht mehr an die Reihe kommen. Leise schaffte ich mit bis Glockenschlag. Aber es war kein Segen dabei.« (Benjamin 1991, Bd. IV.1, S. 247)

Wie man Kinder auf die Anforderungen der Schule, also pünktlich zu sein, vorbereitet und wie man sie stärkt, damit sie nicht ängstlich und freudlos sind, sollte uns beschäftigen. *Aus empirischen Untersuchungen ist bekannt, dass Übergänge als sensible Phasen insbesondere mit Blick auf Bildungsgerechtigkeit und individuelle Chancen anzusehen sind. Aber sie belasten manchmal eben auch das innere Gleichgewicht des Kindes, insbesondere wenn es früh die Erfahrung macht zu versagen oder nicht zu genügen.*

In Deutschland zeigen sich darüber hinaus zwei Problemfelder: Das erste liegt im Bildungsverständnis der verantwortlichen Pädagoginnen und Pädagogen, einerseits in der Kita und andererseits in der Schule. Beide Institutionen unterliegen in der deutschen Tradition unterschiedlichen

Logiken, denn die Kindertageseinrichtung gehört zum System der Kinder- und Jugendhilfe, die Schule zum Bildungssystem. Hier bedarf es weitergehender Kommunikation und einer besseren Koordination, die es vor allen Dingen ermöglichen, dass sich Erzieherinnen, Erzieher und Lehrkräfte auf Augenhöhe begegnen. Gemeinsame Fortbildungen sind hier sicherlich eine wichtige Maßnahme.

Ein zweites Problemfeld liegt im Datenschutz, weil dadurch die Informationsweitergabe über das Kind von einem System in das nächste nur individuell vorgenommen werden kann. Seit einigen Jahren etwa legen Kindertagesstätten eine Bildungsdokumentation über jedes Kind an, aber diese landet nur sehr selten auf dem Pult der Grundschullehrerin. Es ist den Eltern überlassen, ob die Bildungsdokumentation ihres Kindes an die Schule weitergegeben wird oder nicht. Vielfach halten Eltern diese aber zurück, weil sie die Sorge haben, ihr Kind könne negativ beurteilt werden, denn das ist oft das Bild von Eltern: Schule ist der Ernst des Lebens, weil die Kinder nach ihren Leistungen beurteilt werden, und sie haben die Befürchtung, dass ein einmal entstandener »schlechter« Eindruck ihr Kind in seiner Schullaufbahn verfolgt.

Eltern sind hier vielfach verunsichert, weil sie nicht einschätzen können, welche Bedeutung die Informationsweitergabe hat und ob ihr Kind dadurch stigmatisiert wird. Auch die Pädagogen in Kita und Schule wünschen sich klare Vorgaben, wie sie mit einer solchen Bildungsdokumentation umgehen sollen.

Wir haben ein Übergangsprojekt wissenschaftlich begleitet, in dem in einem Landkreis das örtliche Bildungsbüro als Anlauf- und Koordinationsstelle für den Übergang von der Kita in die Schule fungiert. Die Erzieherinnen und die Lehrerinnen wurden beispielsweise zu gemeinsamen Fortbildungen eingeladen. Man hat sich getroffen, um Partnerschaften zu bilden und enger zu kooperieren und hat sich dann in größeren Runden wieder ausgetauscht. Im Rahmen des Projekts haben wir alle Beteiligten, Erzieherinnen, Lehrkräfte, Schulleitungen, Eltern, die Schulärztin befragt, wie denn ihrer Meinung und Erfahrung nach der Übergang für Kinder gestaltet werden soll und was sie denn eigentlich unter Schulfähigkeit verstehen. Auch hier wurde wieder die Frage gestellt: Soll ein Kind vor dem Schuleintritt schulfähig sein? Oder aber soll die Schule kindfähig werden?

Dies sind spannende Fragen für die Experten des Übergangs, und zum Glück werden sie auch immer häufiger in den Schulen gestellt. Denn die Lehrerinnen und Lehrer dort merken, dass sie nicht einfach voraussetzen können, dass die Kinder still sitzen, einen ordentlich gepackten Ranzen haben, stets das Heft dabei ist, am Mittwoch die Schürze für den Kunstunterricht eingepackt wurde und Martina und Jonathan nicht jede Woche den Turnbeutel in der Frühbetreuung liegen lassen. All diese Alltagsgeschichten legen es nahe, noch einmal gründlich über diese erste Schulphase der Kinder nachzudenken.

In unseren Interviews haben wir die Erwachsenen, die tagtäglich mit Kindern in dieser Phase arbeiten, um Ideen gebeten, wie ein optimaler Übergang aussehen soll. Dabei wurde interessanterweise von verschiedenen Interviewpartnern nachdenklich formuliert, dass es sich bei aller Bemühung um einen gelingenden Übergang immer auch um einen Bruch für das Kind und die Familie handle und man sich darüber im Klaren sein müsse. Das heißt, Pädagoginnen und Pädagogen plädierten dafür, diesen Bruch nicht einfach schön zu reden, sondern anzuerkennen, dass es sich um eine markante Veränderung handelt. Sie reflektierten hier also so etwas wie Grenzen der Gestaltung und stellen damit in Frage, ob man auf einen ganz harmonischen Prozess hoffen dürfe oder ob es nicht angemessen sei, Kindern keine Harmonie zu versprechen.

Gerade die Leitungen von Kindertagesstätten haben darauf verwiesen, wie wichtig es ist, dass Kinder auch Konflikte mit den neuen Herausforderungen erfahren. Kinder können diese meist gut bewältigen, wenn sie liebevolle Unterstützung und Aufmerksamkeit erfahren. Vielleicht, so die daran anschließenden Überlegungen der Expertinnen aus der Kita, muss man die Kinder nur besser darauf vorbereiten, dass es einen gewissen Bruch geben wird mit ihrem »alten« Leben, wenn sie in die Schule kommen.

Das Interessante an unseren Übergangsinterviews ist, dass bei allen Vorstellungen, die von den beteiligten Erwachsenen geäußert werden, stets ihre eigenen Ideen von einer »guten Kindheit« mitschwingen. In diese Ideen fügen sich dann aber Brüche oder als besonders schwierig erfahrene Übergänge nicht ein. Außerdem kann man davon ausgehen, dass es bei den Vorstellungen von guter Kindheit auch nicht immer eine Übereinstimmung zwischen Erzieherinnen, Lehrkräften oder Eltern gibt.

Eltern, die wichtigen Übergangsbegleiter

Ich möchte deshalb etwas näher auf die Perspektiven der Eltern eingehen, wobei diese neutrale Bezeichnung »Eltern« eigentlich falsch ist. Denn in diesem Projekt ebenso wie in anderen Forschungsprojekten erklären sich meist Mütter für ein Interview bereit. Trotz aller Veränderungen im Geschlechterverhältnis sind sie nach wie vor für den Alltag ihrer Kinder verantwortlich. So sind die Mütter das zentrale Bindeglied zwischen Kita und Schule, aber sie werden gerade in der Schule oft als unsicher und wenig kompetent oder gar als störend wahrgenommen. Das spüren Eltern sehr genau und es fällt manchen schwer, Kontakt zu den Lehrkräften aufzunehmen. Am Kindergarten ihres Kindes schätzen Mütter und auch die Väter, die wir befragen konnten, deshalb meist, dass sie einen relativ unkomplizierten Zugang zu den Erzieherinnen haben. Sie finden die so genannten »Tür und Angel Gespräche«, wenn sie ihr Kind bringen oder holen, sehr wichtig und hilfreich. Dieses Gesprächsangebot oder auch die Möglichkeit, etwa morgens zwei Stunden in der Kita an einem Tisch sitzen und andere Mütter treffen zu können, hilft denjenigen Eltern, die nicht ohne weiteres Forderungen stellen und selbstbewusst in einer pädagogischen Einrichtung auftreten.

Mütter, die bereits mit älteren Kindern den Übergang erlebt haben, können selbstverständlicher auf Erfahrungen zurückgreifen und auch mit Blick auf die Unterschiede ihrer Kinder genauer benennen, was sie sich vom Übergang in die Schule erhoffen. Aus Sicht der Mütter ist es auch für die jüngeren Geschwister einfacher, den Übergang gut hinzubekommen, weil sie vielfach mit dem älteren Schulkind in diesen Prozess hineinwachsen. Insofern fallen die Antworten auf die Frage, ob denn das Kind schulfähig oder die Schule kindfähig werden müsse, differenziert aus. Insbesondere beim ersten Kind in der Familie, das noch nicht auf Vorbilder zurückgreifen kann, müsste die Schule sich stärker auf die Kinder in ihrer Individualität zubewegen, also kindfähiger werden als bisher. Außerdem kommen immer mehr Kinder, die jünger als sechs Jahre sind, in die Schule, so dass auch hier die Kindfähigkeit besonders gefordert ist. Diese Überlegung ist berechtigt und sehr konkret, denn der schulische Alltag wird sich verändern, wenn zunehmend Fünfjährige die Schulbank drücken.

Die Mütter, deren Kinder noch vor der Einschulung standen, formulierten Sorgen angesichts der Herabsetzung des Einschulungsalters. Die Schulen, so befürchteten sie, seien auf diese jüngeren Kinder nicht ausreichend vorbereitet. Alle von uns interviewten Mütter aber nehmen ihre eigene Verantwortung, zum Gelingen des Schuleintritts beizutragen, sehr ernst. Sowohl diejenigen Mütter, deren

Kind zum Interviewzeitpunkt vor der Einschulung stand als auch diejenigen, deren Kind bereits in der Schule war, haben einen Austausch beider Einrichtungen als besonders positiv hervorgehoben, und alle haben die Überlegung geäußert, diese Gelegenheiten des Kennenlernens auszubauen und mehr Zeit zu investieren. Insbesondere sehen sie darin die Möglichkeit, gerade ängstlichen Kindern und Kinder, die im Umgang mit fremden Erwachsenen eher zurückhaltend sind, Sicherheit und eine gewisse Vertrautheit zu geben.

Ohne gute Pädagoginnen und Pädagogen kein guter Übergang

Wie sehen die Pädagoginnen und Pädagogen in Kita und Schule die Gestaltung des Übergangs? Mittlerweile ist in vielen Bundesländern gesetzlich vorgegeben, dass beide Systeme und damit beide Einrichtungen zusammenarbeiten und auch die Eltern aktiv einbeziehen sollen. Hierfür ist es wichtig, neue Wege zu gehen und neue Kooperationsformen zu entwickeln. In unseren Befragungen der Professionellen sind wir wie bei den Elterninterviews auf die Erfahrungen mit der Gestaltung der Übergänge eingegangen und haben am Ende eines jeden Interviews die Frage gestellt, was unsere Interviewpartner realisieren würden, wenn sie alle Möglichkeiten dazu hätten und nicht auf Geld und andere Ressourcen achten müssten. Die teilweise ausführlich geschilderten Ideen kann ich nur gebündelt wiedergeben. *Aber es zeigen sich einige Schlüsselthemen wie Kommunikation zwischen Erzieherinnen und Lehrkräften sowie Zeit miteinander, Zeit für Gespräche, Zeit für gemeinsame Beobachtungen von Kindern, für Diagnosen sowie für das große Thema Anerkennung.*
Was hat es mit Letzterem auf sich?

Gerade Erzieherinnen fühlen sich im Austausch mit der Schule von den Lehrkräften oft nicht wertgeschätzt, ihnen fehlt die Anerkennung ihrer Leistungen. Das kann man teilweise darauf zurückführen, dass Erzieherinnen in Deutschland keinen Hochschulabschluss haben und nicht studieren müssen, sie also im Vergleich zum Lehramt anders qualifiziert und deutlich schlechter bezahlt sind. Dabei sind die Anforderungen in den letzten Jahren massiv gestiegen. Die Forderung, dem Übergang in die Schule mehr Aufmerksamkeit zu widmen, ist eine davon. Weiterhin ließe sich aufzählen: Erzieherinnen sollen Kinder nicht nur betreuen, sondern sie sollen zahlreiche Bildungsangebote machen, Fehlentwicklungen diagnostizieren und daran anschließend Entwicklungsgespräche mit den Eltern führen. Außerdem kommt eine neue Altersgruppe in die Kindertagesstätten, nämlich die so genannten U 3 Kinder, die Unterdreijährigen.

Vielfach zeigt sich, dass auch Grundschullehrkräfte sich nicht anerkannt fühlen. Hier haben wir es offenbar mit einem echten gesellschaftlichen Problem zu tun, denn diejenigen, die so wichtig für unsere Kinder sind, nehmen wahr, dass ihnen die Anerkennung für ihre Leistungen versagt bleibt. Und wir können eine im Grunde paradoxe Entwicklung beobachten: Einerseits ist die Aufmerksamkeit für das Lern- und Bildungspotenzial der frühen Kindheit gewachsen – zum Glück – andererseits ist die mangelnde Anerkennung dort besonders deutlich, wo die Kinder besonders jung sind. Hinzu kommt, dass diese Tätigkeitsfelder von Frauen dominiert werden. Historisch gesehen, sind aber diejenigen Berufe, in denen der Frauenanteil sehr hoch ist, abgewertet worden, und das schlägt sich bis heute in den Entlohnungen nieder.

Männer verhalten sich auch deshalb eher reserviert gegenüber diesen Berufszweigen. Selbst diejenigen, die gerne in diesem Bereich arbeiten würden, wählen meist einen anderen Beruf. In meiner Sprechstunde erzählen Stu-

denten immer wieder, dass ihnen die Arbeit mit Vorschulkindern eigentlich Spaß machen würde, sie diese aber
wegen der schlechten Bezahlung und des Mangels an
Anerkennung nicht anstrebten. Man darf sich also nicht
wundern, wenn nur wenige Männer diese Berufe ergreifen,
und schon gar nicht darf man den schlichten Parolen glauben, dass die Frauen in Familien, Kindertagesstätten und
Grundschulen Schuld an einer Krise dieses Bereichs seien.
Dieser Vorwurf wird oft von denjenigen gemacht, die
gerade die kleinen Jungen in der Krise wähnen, weil sich
die Mädchen sehr gut im Bildungssystem behaupten.

Mehr Männer in Kita und Grundschule kämen sicherlich Mädchen und Jungen zugute, weil sich das Spektrum
an Rollenbildern erweitern könnte. Um dies aber zu erreichen, müssten einige strukturelle Veränderungen vorgenommen werden. Und: Die Geschlechtszugehörigkeit
allein macht noch keine guten Erzieher und Lehrer.

Zurück zum Übergang: Mit Blick darauf kam in unseren
Interviews sowohl von Seiten einer Kitaleiterin als auch
von Seiten einer Rektorin der Wunsch auf, räumlich näher
beisammen zu sein, um Kindern ganz konkret den Übergang leichter zu machen, eine Kommunikation der kurzen
Wege zu pflegen, dadurch zeitliche Ressourcen zu schaffen
etwa für die Intensivierung der Elternarbeit. Dahinter verbirgt sich auch die Idee, Kita und Schule in einem Haus
unterzubringen und dadurch sowohl die gemeinsame
praktisch pädagogische Arbeit vertiefen zu können, als
auch den Kindern ein besseres Gefühl der Zugehörigkeit
zu vermitteln.

In den Antworten schwang meist auch eine Zeitdiagno-
se mit und die bezog sich darauf, dass heutige Kindheit
fragmentiert und es von daher besonders wichtig sei, dass
Kinder Kita und Schule zusammen als ein System verstehen und erleben sollten. Die Fachkräfte verbinden damit
die Hoffnung, dass Kinder in einem solchen System den

nötigen Halt finden, insbesondere dann, wenn die Familie diesen nicht in ausreichendem Maße bietet.

Daran anknüpfend, stellten unser Interviewpartnerinnen aus den Kitas die Frage, ob es nicht nötig sei, dass aus der Zusammenarbeit auch ein stärker verzahntes Modell entstehen müsse, mit Personen, die Kinder über einen längeren Zeitraum und über beide Systeme hinweg begleiteten. Diese Kontinuität von Bezugspersonen ist ein interessanter Gedanke und es würde sich lohnen, darüber weiter nachzudenken und zu prüfen, ob sich das nicht realisieren ließe.

Alle Erzieherinnen wünschten sich außerdem eindeutig mehr Zeit, Raum und Aufmerksamkeit für ausführliche Beobachtungen der Kinder, auch um deren Bildungsprozesse mit einer größeren Sicherheit dokumentieren zu können. Dahinter stand auch die Einsicht, dass Erwachsene immer wieder lernen müssten, nicht vorschnell bestimmte Vorstellungen auf Kinder zu übertragen, denn nur so könne man dem einzelnen Kind wirklich gerecht werden.

Alle Erwachsenen betonten ferner die Gefährdung der Kindheit durch die neuen bildungspolitischen Entwicklungen und sprachen sich dafür aus, Kindheit als Phase des Spiels und einer relativen Unbeschwertheit zu verstehen und sowohl vom Kindergarten als auch von der Grundschule mehr Kindorientierung zu verlangen. Aber was heißt das eigentlich für die Einschulung?

Für besonders wertvoll erachten Eltern ebenso wie Erzieherinnen und auch Lehrkräfte den Faktor Zeit. *Kindern würde es zunehmend an Zeit fehlen, und ohne Rousseau zu nennen, kommt in manchen Interviews seine Maxime zum Ausdruck, man müsse mit Kindern Zeit verlieren, um sie gewinnen zu können.* Demnach artikulierten unsere Interviewpartnerinnen die Sorge, dass die neue Konzentration auf die frühe Bildung auch negative Folgen haben und Kindern ihre Kindheit rauben könne.

Hier ist sicherlich insgesamt das Bemühen um eine Balance gefordert, um eine Balance zwischen der gezielten und durchaus auch effektiven Förderung und Bildung der Kinder und einer Gelassenheit gegenüber den kindlichen Interessen und einer vermeintlichen Zeitverschwendung.

In einem sind sich alle Expertinnen und Experten einig, nämlich in ihrem Anspruch, im Übergang müsse die Individualität des Kindes berücksichtigt werden. Die Sorge, dass gerade die Stärken und Schwächen des einzelnen Kindes nicht genügend beachtet würden, artikulierten demnach keineswegs nur die Mütter, sondern alle Verantwortlichen, auch aus der Schule. Das individuelle Kind und seine Geschichte besser zu kennen, ist in der Schule gerade dann relevant, so die Argumentation, wenn das Kind nicht einfach »mitläuft«, sondern Schwierigkeiten und möglicherweise einen besonderen Förderbedarf hat.

Was kann man also unter Schulfähigkeit verstehen?

Hier ist abschließend noch einmal die Frage zu stellen, was wir denn eigentlich unter dem alten Begriff der Schulfähigkeit heute verstehen können. Früher sprach man meist von Schulreife, in dem durchaus wörtlichen Sinne, dass ein Kind »reif« ist und von der Schule quasi gepflückt werden kann. Über die Frage der Definition von Schulfähigkeit besteht auch in der Forschung insgesamt keine Einigkeit, die Begriffsdebatte bewegt sich zwischen Anforderungen an das Kind, die u. a. kognitive Leistungen, soziale Kompetenzen, Arbeitshaltung und Motivation und die körperliche Verfassung umfassen einerseits und Anforderungen an die Institutionen andererseits. Diskutiert wird die Vorstellung eines ko-konstruktiven Prozesses der Herstellung von Schulfähigkeit, der von Kindern bestimmte Fähigkeiten und durchaus auch eine gewisse »Reife« fordert.

Die Definition von Schulfähigkeit stellt sich demnach als schwierige Aufgabe dar. Was bedeutet schulfähig? Sollen Kinder fähig für die Anforderungen der Schule und des Schuleintritts sein? Zudem stellt sich die Frage: Ist die Schule fähig, die Kinder mit ihren individuellen Bedürfnissen, Eigenschaften und Kompetenzen angemessen zu empfangen?

Es gibt viele und recht unterschiedliche Vorstellungen von Fähigkeiten, die Kinder bei ihrem Schuleintritt mitbringen sollen – müssen sie etwa ihre Schnürschuhe selbst binden können – und an diese jeweils anschließend lässt sich die Frage formulieren, welche Bildungsvorstellungen und Bildungsziele damit verbunden sind. Herrscht hier ein übergreifender Konsens zwischen Lehrern in der Schule und den Erzieherinnen in der Kindertagesstätte? Welche Einstellung vertreten Eltern in Hinsicht auf die Schulfähigkeit ihrer Kinder und inwieweit überschneiden sich ihre Vorstellungen mit denen der Professionellen aus Schule und Kita? Nicht zuletzt ist es interessant zu wissen, welche Fähigkeiten die Kinder selbst hilfreich finden, wenn sie eingeschult werden.

In der Fachöffentlichkeit wird der Begriff der Schulfähigkeit und seiner Berechtigung seit einigen Jahren kritisch diskutiert. Bedenklich stimmt die Gefahr einer Defizitperspektive auf das einzelne Kind sowie die einseitige Ausrichtung auf die »Bringschuld« der Familien, Kindertagesstätten und nicht zuletzt der Kinder sowie die Anspruchshaltung der Schule. Dabei ist Schulfähigkeit schon der fortschrittlichere Begriff gegenüber der Vorstellung von Schulreife.

Schulreife, das Konzept, mit dem viele Lehrerinnen und Lehrer noch beruflich sozialisiert wurden, bezieht sich auf eine reifungstheoretische Sichtweise. Das damit vielfach verbundene Bild, ein Kind müsse reifen wie ein Apfel und falle dann in den Korb der Schule, gilt zum Glück als überholt. Gleichwohl wird in einem unserer Interviews mit einer Kitaleiterin der alte Begriff der Schulreife aufgegriffen, um zu verdeutlichen, dass manche Reifungsprozesse von Kindern ihre »Zeit benötigen«.

Auch die Bildungspolitik versucht Klarheit zu bekommen. So hat etwa das Ministerium für Schule, Jugend und Kinder des Landes NRW mit einer Handreichung aus dem Jahr 2003 »Schulfähigkeitsprofil als Brücke zwischen Kindergarten und Grundschule« versucht, ein einheitliches Schulfähigkeitsprofil zu erstellen. Dieses war als Empfehlung für Kindertagesstätten und Grundschulen gedacht. Das Konzept ist aktuell durch die neuen Grundsätze zur Bildungsförderung für Kinder von null bis zehn Jahren aus dem Jahr 2010 nun erweitert worden. In den meisten Bundesländern werden für die vorschulische Bildung so genannte Bildungsbereiche definiert, dazu gehören z. B. Bewegung, Körper, Gesundheit und Ernährung, Sprache und Kommunikation, soziale, kulturelle und interkulturelle Bildung, musisch-ästhetische Bildung, Religion und Ethik, mathematische Bildung, naturwissenschaftlich-technische Bildung, ökologische Bildung und Medien.

Das glückliche Schulkind

Abschließend soll im Sinne einer Zusammenfassung auf den Versuch von Ute Andresen (Andresen 2010) eingegangen werden, das »glückliche Schulkind« zu beschreiben. Sie macht auf die Problematik aufmerksam, wie häufig angesichts des Schulbeginns und der Forderung nach Schulfähigkeit das wirkliche Kind mit einem Idealkind und dann meist als nicht vollkommen wahrgenommen wird. Ute Andresen verknüpft den Übergang von der Kita in die Schule mit der Frage, was eigentlich ein »glückliches

Schulkind« ausmacht und ob nicht darin ein Zugang zur Schulfähigkeit liege.

Ihre Definition von Schulfähigkeit berücksichtigt Fähigkeiten des Kindes ebenso wie Rahmenbedingungen in Elternhaus, Kita und vor allem Schule: *Das glückliche Schulkind verlässt morgens gerne die Wohnung der Eltern, weil es sich in der Schule willkommen und aufgehoben weiß und sich den anderen Kindern zugehörig fühlt. Es kommt gern nach Hause zurück, voll mit Eindrücken, aber durchaus auch mit dem Bedürfnis nach Ruhe und Rückzug, es macht seine Hausaufgaben nicht immer gern, aber meist zügig, es hat Freundinnen und Freunde, kommt aber auch mit Kindern aus, die ihm nicht so nahe stehen.* Aus diesen Überlegungen lassen sich grundsätzliche Dimensionen für Schulfähigkeit ableiten und mit dem Wohlbefinden von Kindern verknüpfen.

Das Bedürfnis nach Ruhe und Rückzug nach der Schule drücken auch die Kinder in unseren Interviews aus. Etwa die sechsjährige Cora, die nach der Schule auch noch im Hort ist. Danach habe sie öfter das Bedürfnis nach einer ruhigen Pause zuhause: »Wir haben Abendbrot gegessen. Nudeln mit Tomatensauce, und dann haben wir, Papa, Claudi und ich noch ein bisschen Fernsehen geguckt … Kinoabend mit selbst gemachter Limonade.« (World Vision 2010, S. 253)

Kapitel 10

»Für uns gibt es kein Glück.«
Wie Kinder Armut erleben

In einer sozialpädagogischen Einrichtung in Hamburg sitzen zwei zehnjährige Jungen am Tisch und spielen »Kniffel«. Hereingestürmt kommt Marvin, es klemmen zehn Cent zwischen Daumen und Zeigefinger der rechten Hand, die er mit langem Arm vorstreckt. Am Tisch der beiden Jungen angekommen, hält er die zehn Cent mit einem triumphierenden Gesichtsausdruck zuerst dem einen und dann dem anderen unter die Nase: »Habe ich gefunden, auf der Straße. Cool oder?« Marvin freut sich und trippelt auf der Stelle von einem Fuß auf den anderen, dabei schaukelt der ganze Oberkörper hin und her. »Mensch, das sind doch nur 10 Cent, dafür gibt's doch nichts«, entgegnet Michael, ohne großartig von seinem Kniffelblock aufzuschauen, gerade war ihm der höchste Wurf, der 50 Punkte bringt, misslungen. Aber Marvin lässt nicht locker, immer noch hält er die zehn Cent mit spitzen Fingern über den Tisch, schnappt nach Luft und entgegnet: »Wer Geld auf der Straße findet, hat Glück, ja, das bringt Glück.« Nun schaut Michael doch hoch und dem jüngeren Kind ins Gesicht: »Glück? Das gibt es nicht für uns.«

Diese Szene wurde in der sozialpädagogischen Einrichtung während der Sommerferien beobachtet. Das Haus in Hamburg Harburg hat den ganzen Tag für Kinder im Grundschulalter geöffnet und richtet sein Angebot gezielt an arme Kinder. Die drei Jungen in dieser Szene leben seit vielen Jahren in Deutschland unter Armutsbedingungen, das heißt, sie haben arbeitslose Eltern oder Eltern, die zu wenig verdienen. Diese Kinder leben vom staatlichen Sozialtransfer, nur wenige Ressourcen stehen ihnen für Freizeit und kostenpflichtige Vergnügungen zur Verfügung, manche gehen hungrig in die Schule, und für viele ist es Alltag, wenn in der zweiten Hälfte eines jeden Monats kein Geld mehr in der Haushaltskasse ist.

Ich möchte das letzte Kapitel dieses Buchs der Lebenswelt dieser Kinder widmen und dabei der Frage nachgehen, welche Vorstellungen Kinder von Armut und Reichtum haben. Auf der Suche nach Lebensbedingungen, die Kindern ein gutes Leben ermöglichen, die sie vielleicht sogar glücklich aufwachsen lassen, stößt man auf einen Befund: *Das Glück ist auch unter Kinder ungleich verteilt.* Oder anders ausgedrückt kann man nicht die Augen davor verschließen, dass das Glück, in eine materiell abgesicherte Familie hinein geboren zu sein und darin aufzuwachsen, nach wie vor eine ungeheuer große Rolle spielt. Ist Kinderarmut damit ein unabwendbares Schicksal? Nein.

Kinderarmut geht die ganze Gesellschaft etwas an. Als Mutter oder Vater kann ich meist nur mein eigenes oder mir nahe stehendes Kind nachts trösten, wenn es weint. Aber als Bürgerin und Bürger in einer demokratischen Gesellschaft gehen mich auch die anderen Kinder etwas an. Aber viele Menschen haben gar nicht unbedingt einen direkten Kontakt zu armen Kindern, denn die sind oft eher unter sich. Allenfalls in sozial gemischten Stadtteilen treffen Kinder und Eltern der Mittel- und Oberschicht auf ärmere Menschen, etwa im Familienzentrum oder in der Grundschule, manchmal auch im Sportverein. Aber gerade am Freizeitbereich lässt sich anhand empirischer Daten sehr deutlich zeigen, wie wenig arme Kinder an Freizeitangeboten teilhaben, die für die Mehrheit der Kinder fast selbstverständlich sind.

Um Kinder machen also soziale Krisen, Armut und Gewalt keinen Bogen. Hinter Kindern in Armut stehen immer Familien, die arm sind, und sie teilen diese Erfahrungen oft mit denjenigen Menschen in ihrer unmittelbaren Nachbarschaft, im Wohnblock, dem Straßenzug, dem Stadtviertel. Insgesamt stellen derzeit nationale und internationale Forschungsergebnisse ebenso wie die Sozialberichterstattung, etwa der Armuts- und Reichtumsbericht der Bundesregierung, eine wachsende Betroffenheit von Armut im Kindesalter heraus. *In wohlhabenden Ländern steigt der Anteil der Kinder, die in Armut leben.* Auf der Basis solcher Daten kann man auch hochrechnen, dass diese armen Kinder – wenn sich keine entschiedene politische Bekämpfung der Kinderarmut etabliert – später auch zu den armen älteren Menschen gehören werden.

Man kann auf der Basis empirischer Untersuchungen so genannte Risikofaktoren für Armut ausmachen: Wenn Kinder in Deutschland unter bestimmten Bedingungen aufwachsen, sind sie besonders von Armut betroffen und erleben die damit verbundenen materiellen, aber auch psychosozialen Einschränkungen. Zu diesen Risikofaktoren zählen u.a. die Abhängigkeit von Hartz IV, Arbeitslosigkeit, ein niedriger Bildungsabschluss oder auch Migrationserfahrungen. Eine besondere Armutsfalle für Kinder und ihre Familien ist die Situation von Alleinerziehenden, wenn diese beispielsweise wegen fehlender Betreuungsmöglichkeiten keiner Erwerbsarbeit nachgehen und keine sozialen Ressourcen wie eine verlässliche Herkunftsfamilie oder Freunde aktivieren können. Außerdem zeigen die Statistiken, dass das Armutsrisiko für Familien mit mehr als zwei Kindern und mit Kindern unter 10 Jahren steigt, das heißt, dass besonders Kinder in den frühen und prägenden Jahren die Erfahrung des Mangels und der Unsicherheit machen. Die Daten verweisen außerdem auf einen weiteren Zusammenhang: Großstädte bergen für Familien ein verhältnismäßig großes Risiko zu verarmen. Kinder wachsen somit in prekären Stadtteilen in Hamburg, Berlin, Frankfurt oder Köln teilweise unter extrem eingeschränkten Möglichkeiten auf.

Können Kinder in Armut glücklich sein?

Unter Armutsbedingungen in einem an sich wohlhabenden Land aufzuwachsen, erzeugt auch schon bei jungen Kindern andere Erwartungen an das Leben, andere Bilder vom Glück als bei den Gleichaltrigen, die zwar auch nicht mehrheitlich reich aufwachsen, aber doch deutlich seltener mit existenziellen Sorgen konfrontiert sind. Glück also, so die Schlussfolgerung des zehnjährigen Michael aus unserem Beobachtungsprotokoll, gibt es nicht für dieses Kollektiv der Kinder im Hamburger Phönix Viertel. Stattdessen, das zeigen unsere Befunde aus der World Vision Kinderstudie 2010, haben Kinder in Armut viel mehr Ängste im Vergleich zu Gleichaltrigen, sie haben häufiger Angst, in materielle Nöte zu geraten, sie haben Angst, in der Schule zu versagen, aber sie haben auch Angst vor Gewalt und vor einem möglichen Krieg. Die Liste ließe sich fortsetzen, so kommt ein Mädchen, das wir auch in Hamburg kennengelernt haben und das stets einen sehr vergnügten und selbstwussten Eindruck machte, in einem langen Interview immer wieder auf die Frage zu sprechen, ob es einen Weltuntergang geben wird und was in einem solchen Fall passiert. Bei der ersten Lektüre haben wir uns über diese Passagen gewundert und sie zunächst als Phantasie eingeordnet bzw. über den möglichen Einfluss von reißerischen Medien diskutiert. Aber dann haben wir das Interview gründlicher analysiert und siehe da, immer wenn das Kind über den häuslichen Geldmangel, über die Frage, wie denn Weihnachten gefeiert wird oder warum sie beim letzten Schulausflug nicht mitgefahren ist, streute sie das Thema »Weltuntergang« ein. *Kinder bekommen die existenziellen Sorgen in der Familie früh mit und diese beeinflussen vielfach ihr Verhältnis zur Welt.* Das kann zu einer stärkeren Ausbildung von Ängsten führen. In diesem Zusammenhang müssen wir uns fragen lassen, ob wir wollen, dass Kinder aufgrund ihrer materiellen Situation mehr Ängste ausbilden und häufiger Angst empfinden als ihre Klassenkameraden.

Der zehnjährige Michael artikuliert die Meinung, es gebe für ihn und die anderen kein Glück. Aber was wissen wir über Glücksvorstellungen von Kindern generell und insbesondere von denen der armen Kinder? Was Michael unter Glück versteht, darüber kann ich hier nur spekulieren, wir haben ihn nicht danach gefragt. Möglicherweise ist seine Vorstellung sehr konkret, und das heißt auch materiell gefasst, denn Michael verfügt als Zehnjähriger sicherlich über das Wissen, dass ein echter gesellschaftlicher Aufstieg und damit die Möglichkeit, über mehr Geld und andere Mittel zu verfügen als seine Eltern, inzwischen nur wenigen gelingt. Ein zentraler Schlüssel für den sozialen Aufstieg, wenn auch beileibe nicht der einzige, ist Bildung, und wichtig sind nach wie vor die erworbenen Bildungs- und Berufsabschlüsse. Ist Michaels Einschätzung realistisch oder war es eine fatalistische Äußerung, ausgelöst durch das Pech im Kniffelspiel? Auf jeden Fall steht sie im Gegensatz zu dem Optimismus des siebenjährigen Marvin.

Ist es realistisch, zusammen mit Marvin auf das Glück zu hoffen? Und wenn ja, wie könnte das für den Jungen aussehen? Vielleicht zunächst so: Marvin könnte das Glück haben, in der Schule als begabtes Kind erkannt und gefördert zu werden und so den Übergang ins Gymnasium zu schaffen. Vielleicht bringen seine Eltern die Energie auf, ihren Sohn in all seinen Interessen und Begabungen ideell zu unterstützen, obwohl ihnen selbst die Bildungsinhalte eines Gymnasiums vollkommen fremd sind. Sie gehen vielleicht einer Erwerbstätigkeit, die den Familienunterhalt sichert, nach, trotz längerer vorausgegangener Arbeitslosigkeit.

Bereits im ersten Kapitel wurden Armutsthemen aus der Lebenswelt von Kindern skizziert und berichtet, wie das Familienleben beeinträchtig ist, weil die Eltern mit ihrem Lohn die Familie nicht ernähren können. Deshalb ist der Kampf gegen Kinderarmut sicherlich nicht allein auf pädagogischer Ebene zu lösen, sondern er ist ganz erheblich eine gesellschaftspolitische Angelegenheit und verlangt nach anderen arbeitsmarkt- und sozialpolitischen Strategien. Aus der Sicht der Kinder zählt die Frage nach einer Einführung und Durchsetzung von Mindestlöhnen sicherlich zu solchen politischen Maßnahmen. Doch zurück zu dem möglichen Glück von Marvin: Es könnte also bedeuten, dass er in seiner Schule neue Freunde findet, die ihn akzeptieren, obwohl er sich keine teuren Markenkleider leisten kann, und zum Führerschein, wenn er ihn überhaupt finanzieren kann, auch kein Auto geschenkt bekommt. Schließlich ließe sich Marvin vielleicht auch noch weiter begleiten, beispielsweise ins Lehramts- oder Medizinstudium oder in eine Ausbildung zum Erzieher oder Bankkaufmann und in eine daran anschließende einigermaßen stabile Erwerbstätigkeit.

Sind solche Szenarien Elemente des Glücks, das dem älteren Jungen Michael und dem Optimisten Marvin vorschwebte? Oder aber zeigen sich in solchen Phantasien, was dem siebenjährigen Marvin alles an Glück begegnen könnte, nämlich erstens liebevolle, engagierte Eltern zu haben, zweites einen guten Schulabschluss zu erwerben, drittens eine Ausbildung zu machen, viertens Freundschaften zu pflegen und fünftens erwerbstätig zu sein, mittelschichtsorientierte Vorstellungen von einem guten Leben? Möglicherweise stellen sich Marvin und Michael Glück ja ganz anders vor. Glück könnte in ihrer Vorstellungswelt ja derjenige haben, der mit wenig Aufwand zu sehr viel Geld kommt, der Macht hat und sie auch auslebt oder aber der den ganzen Stress des Gelderwerbs, der Arbeitsbelastung, der Konkurrenz gar nicht erst auf sich nimmt.

Passen Kinder sich der sozialen Situation an?

Unabhängig davon, was die Jungen unter Glück verstehen: entscheidend ist, dass bereits ein Zehnjähriger, und sei es nur aus einer Laune heraus oder weil ihm der höchste Würfelwurf gerade nicht geglückt ist, mit Überzeugung und Abgeklärtheit zu wissen meint, dass er und die Kinder seines Umfeldes sozial mehr oder weniger abgehängt sind. Wenn ein Junge mit Armutserfahrungen diese Aussage macht, so macht er sie in einem sozialen Zusammenhang und darüber müssen wir nachdenken.

Derartig realistische Einschätzungen sind gar nicht so untypisch für Kinder, denen aufgrund ihrer materiellen Lebenslage wenig Spielraum zur Verfügung steht. Die Reaktionen auf dieses Wissen um die eigene Armut und die damit verbundenen Erfahrungen sind im Laufe des Aufwachsens aber durchaus unterschiedlich. Während Kinder mit sieben oder acht Jahren sich noch vorstellen können, später einmal einen gut bezahlten Beruf zu haben, gleichzeitig aber davon ausgehen, dass sie das Abitur nicht schaffen werden, sind Kinder, die den Übergang in das weiterführende Schulsystem bereits hinter sich haben, oft schon deutlich realistischer. Diese Kinder wissen bereits, wie wichtig ein hoher Schulabschluss ist, und sie ahnen die Hindernisse zu einer gut bezahlten Tätigkeit. Nach ihren Zukunftsvorstellungen befragt, sind sie dabei keineswegs immer pessimistisch oder gar unzufrieden, im Gegenteil zeigen sich auch bei Kindern in Armut erstaunlich hohe Zufriedenheitsangaben.

In der Forschung wird ausgehend von diesen Befunden von einer Anpassung der Menschen an ihre konkreten Möglichkeiten gesprochen. Diese Annahme besagt, dass Menschen, die wissen, wie wenig Auswahl sie haben, wie klein ihr Spielraum zur Entfaltung ist, wie begrenzt die Möglichkeiten, sich Wünsche zu erfüllen, sind, häufig dazu übergehen, mit dem Wenigen und auch dem Vertrauten zufrieden zu sein. Schade, werden manche jetzt vielleicht denken, denn so werden »Begabungsressourcen« nicht ausgeschöpft, und gerade die Kindheit scheint ungenutzt zu verstreichen. Da ist – betrachtet man in Deutschland die Datenlage zum Zusammenhang von früh erfahrener Armut und Bildungserfolg – einiges dran, denn es gelingt bislang nicht, Kinder, so zu fördern und zu befähigen, dass sie sich entfalten können. Armut ist hier ein eklatanter Faktor und geht oft einher mit weiteren Einschränkungen. Eine dieser Einschränkungen liegt darin begründet, dass das Wohlbefinden von Kindern steigt, wenn sich ihre erwachsenen Bezugspersonen für sie interessieren und eine Idee im Kopf haben, wie wichtig ihr Interesse an dem Kind und an dem Miteinander in der Familie ist. Doch wie Eltern ihrerseits zu einem echten Interesse und Austausch befähigt werden, bleibt offen. *Es scheint aber einen Zusammenhang zwischen den Erziehungskompetenzen und dem Bildungsabschluss insbesondere der Mutter zu geben.* Zumindest schärft die eigene Bildung die Sinne für die Bildung der eigenen Kinder. Allerdings gibt es auch Hinweise darauf, in welchem Maße eine gewisse Sensibilisierung für die elterliche Verantwortung bei manchen Elternteilen zur Verunsicherung beiträgt. Eine weitere Einschränkung erfolgt durch den Zusammenhang von Armut und gesundheitlicher Belastung, denn gerade Kinder psychisch kranker Eltern wachsen zumindest zeitweise in Armut auf.

Ein anderes Beispiel mehrfacher Belastung führt die Geschichte von Evran vor Augen. Evran haben wir ebenfalls in Hamburg kennengelernt. Er ist ein elfjähriger Junge, ein Kind mit unsicherem Aufenthaltsstatus. Der Junge erzählt im Interview auch von grauenvollen Gewalt-szenen, deren Zeuge er vor seiner Flucht nach Deutschland wurde. Evran ist in keinem therapeutischen Betreuungs-programm und seine Schilderungen haben uns erschreckt und überrascht, hatten wir doch, ausgehend von unseren Beobachtungen, nicht mit solchen Erfahrungen, die kein Kind machen sollte, gerechnet. Evran fiel uns als vergnüg-tes, freundliches und an vielen Dingen interessiertes Kind auf. Manchmal beobachteten wir aber auch ein plötzlich aufflammendes aggressives Verhalten, dann konnte Evran aus einem – in den Augen der Erwachsenen und der ande-ren Kinder unbedeutenden Grund – unbeherrscht und laut werden und um sich schlagen. Meist beruhigte er sich schnell wieder und versuchte durch Verhandlungen doch noch das durchzusetzen, dessen Verweigerung ihn zuvor so in Rage gebracht hatte. Es konnte ihn beispielsweise furchtbar ärgern, wenn er im Gruppenbus, der die Kinder an heißen Sommertagen an einen schönen Platz an der Elbe bringen sollte, nicht vorne sitzen durfte. Eigentlich wäre das eine Kleinigkeit, nicht für Evran, der seinen Standpunkt hartnäckig und manchmal aggressiv verteidigte.

Umgang mit Geld

An Evran und den anderen Kindern in der Gruppe ist uns auch ihr Wissen über Preise und finanzielle Belastungen aufgefallen: Diese Kinder wissen genau, wie teuer etwas ist und sie sind meist bereit, darüber auch Auskunft zu geben. Tritt man als fremder Erwachsener mit ihnen in Kontakt, so muss man wissen, dass die Kinder relativ genau taxieren, welche materiellen Werte man an sich trägt oder in der Tasche birgt.

Preise von Lebensmitteln, Süßigkeiten, von technischen Geräten, I-Phones oder Kameras gehören, das zeigen auch die Studien der britischen Armutsforscherin, Tess Ridge, zum Wissensrepertoire armer Kinder in Wohlstandsgesellschaften. Sie kennen die Preise von ihren Streifzügen durch Kaufhäuser und Einkaufszentren, die es in deutschen Städten ja auch in den armen Stadtteilen vielfach gibt, sie kennen sie aus der Werbung oder aber aus den fachkundigen Gesprächen mit anderen Kindern. Sie wissen deshalb auch meist ganz genau, dass sie ihre Eltern gar nicht erst um die Anschaffung dieser teuren Dinge zu bitten brauchen. Tess Ridge (2002) hat in ihren Studien beobachtet, dass Kinder mit armen Eltern auch sehr selten ihre Mutter beim Einkauf an der Kasse bedrängen, Süßigkeiten zu kaufen. Außerdem arbeitet die Engländerin heraus, wie Taschengeld mit dazu beiträgt, dass Kinder einen autonomen Spielraum bekommen und wie es zu einem wichtigen Thema untereinander werden kann. Kinder aus armen Familien aber verfügen häufig über keinerlei eigenes »Einkommen«, wenngleich man davon ausgehen kann, dass viele von ihnen Mittel und Wege finden, das Jugendarbeitsschutzgesetz zu umgehen und selbst Geld zu verdienen. Kinder in Armut versuchen in deutschen Städten zu eigenem Geld zu kommen oder aber sich umzuhören, wo die Eltern Geld verdienen könnten. Denn alle Kinder wissen, dass Erwerbsarbeit eine zentrale Quelle erstens für Einkommen ist und zweitens für Status und Anerkennung.

Bei Evran tritt dies besonders hervor, denn wie er selbst hat auch seine Mutter einen prekären Aufenthaltsstatus und kann keiner Tätigkeit nachgehen. Über mehrere Tage können wir auch bei ihm beobachten, wie er versucht, seiner Mutter einen Job in der Küche der sozialpädagogischen Einrichtung zu organisieren. Er spricht alle an, von denen er glaubt, sie könnten einen Einfluss darauf haben, die Leiterin der Einrichtung, eine Erzieherin, einen ehrenamtlich

Tätigen und schließlich auch uns Forscherinnen. Ähnliches haben wir auch bei Mohamed beobachtet. Ist Evran ein geschickter Stratege, der genau weiß, wie er die Klaviatur des Mitleids bedienen muss, um Unterstützung zu bekommen? Spielt er nur den hilfebedürftigen Jungen und zugleich fürsorglichen Sohn, der sich in eine bessere Ausgangslage zu bringen versucht? Oder hat er einfach die Spielregeln begriffen, über die gesellschaftliche Anerkennung und Zugehörigkeit verteilt werden? Jedenfalls konnte ihm niemand helfen, obwohl er seine Mutter sogar ein paar Mal mitbrachte und sie »vorstellte«: Schaut her, es gibt sie, sie kann gut kochen und könnte uns alle gut versorgen, wenn sie nur endlich einen Job bekäme. Bei diesen Besuchen der Mutter war auch die kleine zweijährige Schwester dabei. Das Mädchen hatte nur Augen für Evran, der es auf den Arm nahm, es knuddelte und kitzelte, die Schwester den anderen Kinder zeigte und auf dem Schoß hielt, während er mit den Jungen spielte.

Geld und Arbeit sind wichtige Güter in unserer Gesellschaft, über sie werden auch sozialer Status und Anerkennung vergeben, und Kinder wissen das sehr genau! Evran sieht den Zusammenhang zwischen Aufenthalts- und Arbeitserlaubnis, die britischen Kinder in der Studie von Tess Ridge verhandeln um Geld und sie sind Experten des Tauschwerts, Marvin freut sich über die zehn Cent, er gehört zu denjenigen Kindern, die kein regelmäßiges Taschengeld bekommen, und Michael desillusioniert ihn, weil man erstens für 10 Cent nichts kaufen kann und es lässt sich zweitens aus diesem Fund auch nichts Positives für die Zukunft ablesen.

In der medialen Öffentlichkeit gibt es einen Diskurs über die »Kultur der Unterschicht«, der sich ebenfalls mit Michaels und Marvins Themen befasst und zu provokativen Thesen kommt. So stellen diejenigen, die vor allem der »Kultur der Unterschicht« die Schuld für Armut geben, den

Sozialstaat in Frage, weil er ohne die Effekte zu prüfen, zu viel Geld für arme Menschen in die Hand nehme. Nicht Geld bräuchten Menschen in Armut, so die Argumentation, sondern Bildung. Die schlechte Situation ihrer Kinder resultiere nämlich aus ihrer bildungsfernen Kultur, ihrer Parallelwelt fernab von (bildungs)bürgerlichen Wertvorstellungen, ihrem Leben in Problembezirken und ihrem Desinteresse am eigenen Fortkommen und der Bildung ihrer Kinder. Die »Kultur der Unterschicht« bringe es mit sich, dass das Schulkind einer Familie als einziges früh aufstehe, und weil die Eltern weiterschlafen, ohne Frühstück zur Schule geht. Diese Autoren verstehen Armut somit primär als eine Frage der Kultur: Einer Kultur, in der sich die Erwachsenen häuslich mit der »Stütze« einrichteten und ohne Bestreben blieben, Arbeit zu finden. Sie konsumierten stattdessen Alkohol und Tabak und schauten stundenlang RTL auf riesigen Flachbildschirmen. Um es deutlich zu sagen: Das Problem der Kinderarmut ist keine Angelegenheit einer »Kultur der Unterschicht«. Es gibt solche Milieus, in denen Kinder auf sich allein gestellt sind, ohne Frühstück aus dem Haus gehen, weil die anderen noch schlafen und deren Eltern sich nicht für ihre Angelegenheiten interessieren. *Aber Armut von Kindern und Familien hat in Deutschland viele Gesichter, und Eltern, die arm sind, sind nicht automatisch schlechte Eltern.* Das sind Vorurteile, die es erleichtern, sich nicht mit den Ursachen und Folgen von Armut zu befassen.

Kinderarmut hat also viele Gesichter und eines dieser Gesichter ist das von Hülia, einer Neunjährigen, die einen oft und gerne anlacht und dabei eine Reihe fauliger Zähne zeigt. Ein anderes Gesicht ist von Natalie und ihrem kleinen Sohn Timmy: Natalie erhält für den Säugling 6,95 Euro monatlich für Hygieneartikel. Eine Packung mit Einmalwindeln etwa Pampers, Gr. 3 für Kinder mit einem Gewicht zwischen vier und neun Kilogramm kosten als Sparpaket mit 48 Windeln mindestens 5,45 Euro. Das Beispiel zeigt, dass bei Eltern und Kindern in Armut der materielle Mangel eklatant ist und man gut daran tut, den gängigen medialen Bildern in ihrer Pauschalität äußerst kritisch zu begegnen, wenn man ein echtes Interesse daran hat, dass allen Kindern die Türen zur Entfaltung all ihrer Potenziale offen stehen.

Wie sich Kinderarmut messen lässt

Das führt mich zu der Frage, wie man Armut eigentlich messen kann. Zunächst muss unterschieden werden zwischen absoluter Armut und relativer Armut. Wenn wir von Kinderarmut in Deutschland sprechen, so meinen wir relative Armut, und das bedeutet, jemand gilt als arm, wenn er weniger als 50 Prozent oder weniger als 60 Prozent des Durchschnitteinkommens eines Landes hat. Von den befragten Kindern in unserer World Vision Kinderstudie 2010 waren 9 Prozent der Kinder arm und 16 Prozent erlebten deutliche Einschränkungen in ihrem Alltag. Diese 25 Prozent haben wir dann nach ganz konkreten Erfahrungen befragt, etwa ob sie manchmal Essen von der »Tafel« bekommen oder ob sie Kleider von fremden Kindern tragen oder ob ihre Eltern Geld vom Ersparten der Kinder benötigt haben.

Was armutsbedingte Einschränkungen konkret für Kinder in unseren wohlhabenden Gesellschaften bedeuten und wie man diese dann messen kann, sind wichtige Fragen der Forschung. In einer großen EU-Studie über die soziale Situation wurden die Haushalte gebeten, Aussagen über Kinderarmut zu machen. So wurden sie zum Beispiel nach folgenden Dingen gefragt: Haben die Kinder in ihrem Haushalt zwei Paar Schuhe und ist eines davon wetterfest? Oder besitzen alle Kinder einige eigene und nicht gebrauchte Kleidungsstücke? Bekommen die Kinder drei

Mahlzeiten am Tag? Haben die Kinder im Haushalt Spielzeug für drinnen, darunter auch Bücher, und Spielzeug für draußen? Werden mit den Kindern besondere Anlässe wie Geburtstage gefeiert? Gehen alle Kinder im Haushalt einer regelmäßigen Freizeitbeschäftigung nach? Und können die Kinder mindestens eine Woche im Jahr Ferien machen? Solche konkreten Fragen erleichtern es, sich vorzustellen, welcher Art der Mangel ist, den Kinder in Armut in Deutschland erleben. Gerade die beiden letzten Punkte sind hier besonders ausgeprägt. Erholung in den Ferien und eine regelmäßige Freizeitaktivität im Verein ist Kindern in Armut meist nicht möglich. Aber auch den Geburtstag des Kindes zu feiern, können sich viele Familien nicht leisten, nicht zuletzt, weil die Wohnung für eine Party zu klein ist. Um mit der Kinderschar ins Schwimmbad zu gehen, ein Museum zu besuchen oder in die Eisdiele einzuladen, Geburtstagsaktivitäten, die für viele Kinder in Deutschland selbstverständlich sind, fehlt in armen Familien meist das Geld. *Insofern schreibt sich Armut in alle Erfahrungsbereiche von Kindern markant ein.*

Diese Abschnitte sollten einen kleinen Einblick in die Lebens- und Erfahrungswelt von Kindern in Armut geben. Ich möchte daran anschließend im nächsten Abschnitt auf kindliche Perspektiven von Armut und Reichtum eingehen. Armut jedenfalls vor allem als ein Problem individuellen Verhaltens zu sehen und einen fürsorglichen, nicht fordernden Sozialstaat dafür verantwortlich zu machen, greift eindeutig zu kurz und führt letztendlich dazu, möglichst alles beim Alten zu belassen. Denn in Zeiten knapper Ressourcen stellt sich verschärft die Frage, wie Geld und andere Mittel zu verteilen sind und wer gegebenenfalls auf etwas verzichten muss. *Aber gerade der Blick auf die Lebenssituation von Kindern zeigt, wie notwendig es ist, sich über Gerechtigkeit Gedanken zu machen.* In der sehr konsequenten Gerechtigkeitstheorie des US-amerikanischen

Philosophen John Rawls bestimmen zwei grundlegende Prinzipien Gerechtigkeit in einer Gesellschaft, nämlich die persönliche Freiheit, die einen besonderen Platz im menschlichen Leben habe, und die Überzeugung, man müsse die am wenigsten begünstigten Mitglieder einer Gesellschaft so gut wie möglich stellen. Solche Überlegungen sollten uns zwar nicht davon abhalten, kritisch über Transferzahlungen und allgemeine Begünstigungen im Sozialstaat zu diskutieren und auch nach den Effekten von Sozialleistungen zu fragen. Dabei ist jedoch entscheidend, ob es um Fragen der Gerechtigkeit geht oder aber darum, soziale Ungerechtigkeit weiterhin zu verstärken. Gerechtigkeit ist jedenfalls auch ein Thema von Kindern, wenn sie danach gefragt werden, was sie unter Armut und Reichtum verstehen.

Was Kinder unter Armut verstehen

In den qualitativen Interviews der zweiten World Vision Kinderstudie haben wir mit den Kindern das Thema Armut und Reichtum diskutiert: Bei der Frage nach Unterschieden zwischen armen und reichen Kindern sollten die Kinder mit Hilfe von Fotografien angeregt werden, Aspekte zu thematisieren, auf die sie bei einer offenen Frage nicht gekommen wären. Den Kindern wurde eine Auswahl von insgesamt 30 Bildern vorgelegt, die sie durchsehen sollten. Wir haben sie dann gebeten, fünf Bilder, die zu reichen Kindern passen und fünf, die für arme Kinder stehen, auszuwählen. Ausgehend von dieser Auswahl, haben wir dann ein Gespräch mit unseren Interviewpartnerinnen und -partnern geführt. Das war sehr aufschlussreich. Im Laufe des Interviews haben wir den Kindern außerdem eine Linie gezeigt, deren Endpunkte durch das »ärmste« bzw. »reichste« Kind Deutschlands markiert wurden. Jedes Kind sollte sich auf dem so entstandenen Kontinuum einordnen. Auf diese Weise wollten wir den »gefühlten« ökonomischen Status des Kindes aus seiner persönlichen Sicht erfassen. An die Selbsteinschätzung wurde die Frage nach der Wunschposition des Kindes angeschlossen, das heißt, wir haben die Kinder gefragt, was sie denn gerne wären, eher reich oder eher arm. (Schröder/Picot/Andresen 2010)

In der Regel ordnen sich die Kinder ungefähr in der Mitte ein, fragt man sie, wo sie gerne wären, tendieren sie dazu, eher reich als arm sein zu wollen. Welche Vorstellungen von Kindern über Armut und Reichtum haben wir gefunden? Zunächst muss man sagen, dass wir für diese Studie kein Kind interviewt haben, das selbst arm oder aber augenscheinlich sehr reich war, aber die Kinder und ihre Familien hatten durchaus unterschiedliche Ressourcen zur Verfügung. Wir haben also die Kinder für die Interviews nicht danach ausgewählt, ob sie einen schichtspezifisch besonders ausgeprägten Hintergrund haben. Das hat dazu beigetragen, dass ihre Einschätzungen nicht immer auf Erfahrungen basieren. Keines der von uns interviewten Kinder hat im Unterschied zur repräsentativen Fragebogenerhebung von eigenen einschneidenden Armutserfahrungen berichtet, und nicht alle kennen in ihrem Umfeld arme Menschen. Unsere quantitativen Daten verweisen aber sehr deutlich auf Armutserfahrungen, über die weiter oben schon berichtet wurde.

Bereits in unserer Studie von 2007 wurde deutlich, dass Kinderarmut ein wachsendes Problem in Deutschland darstellt. Wie Kinder eigene Armutserfahrungen wahrnehmen und verarbeiten, wie sie vor diesem Hintergrund ihre Möglichkeiten im Vergleich zu anderen, materiell und sozial besser gestellten Kindern sehen, sind Fragen, denen wir insgesamt mehr Relevanz einräumen sollten. 2010 haben wir auch das Thema Gerechtigkeit damit verbunden, denn etwas nach dem Maßstab »gerecht« oder »ungerecht« zu bewerten, lag den von uns interviewten Kindern 2007 sehr nahe. Was also sind die Ergebnisse, wie verstehen Kinder dieser Altersgruppe extreme soziale Unterschiede, spielen Armut und Reichtum für sie überhaupt eine größere Rolle?

Die ersten Beschreibungen der Kinder bezogen auf die Fotografien tragen zunächst klischeehafte Züge: Hinsichtlich der Bilder haben fast alle Kinder Armut und Reichtum entlang dessen sortiert, was man besitzt, nach dem Motto »viel ist reich und wenig ist arm«. (Schröder/Picot/Andresen 2010, S. 281) So wählte der achtjährige Sammy Bilder mit vollen und leeren Kühlschränken, mit leeren und vollen Tellern aus, und das üppige Fenster einer Konditorei sortierte Sammy in seiner Bilanz auf die Seite des Reichtums. Sammy bildete nicht die Ausnahme, er wie auch die anderen Kinder suchten auf den Fotografien die sichtbaren Spuren dessen, was Menschen zu armen und reichen Menschen macht. Hinzu kommt eine weitere Beobachtung: Manche Kinder, so auch Sammy, verbinden reiche Besitztümer mit Dingen, die sie selbst gern hätten, also etwa mit einem Gameboy oder einem Swimmingpool oder aber sie sehen in einem eigenen Zimmer voller Spielzeug das Symbol des Reichtums. Interessant waren die Interviews, in denen Kinder Fotografien in die Mitte gelegt haben, weil sie für beides, für Armut und Reichtum stehen. Bei Sammy, der zum Zeitpunkt des Interviews in einem Heim war, zeigen die Bilder in der Mitte einen Spielplatz mit einer Hängebrücke, ein zerrupftes Kuscheltier, auch einen Jungen in der Schule. Kinder haben demnach ein Verständnis für öffentliche Güter, die möglichst allen zur Verfügung stehen sollen und noch etwas hat Sammy von der sozialen Realität begriffen, denn er hält das Foto einer öffentlichen Bücherei für eine Privatwohnung: »Die gehören zu den Reichen, glaub ich. Weil, die haben so viele Bücher, und dann haben die da was und vielleicht auch Autos.« (World Vision 2010, S. 282)

Im Interview brauchten die Kinder bei dieser schwierigen Thematik insgesamt Zeit zum Nachdenken und dann traten langsam, aber sicher ihre Vorstellungen zutage: Nach längerem Überlegen fiel etwa dem neunjährigen Hannes ein ehemaliger Mitschüler ein, ein afrikanischen Kind, das schlecht angezogen war und offenbar über wenig Hefte und Stifte, also »Schulsachen«, verfügte. Hannes hat den Jungen aus den Augen verloren, weil dieser die Schule wechseln musste, aber anhand einiger Fotografien gibt er zu bedenken, dass sich manche Kinder, wenn sie alte Sachen tragen müssen, auch schämen und sicherlich auch gehänselt werden. Hat er das vielleicht schon einmal beobachtet? Auf die Frage, wie denn arme Kinder leben, antwortet Hannes ohne lange zu überlegen: »Na die Armen, die haben meistens kein Auto. Und gehen immer, und die Eltern haben auch keine Zeit, weil sie sich vielleicht Arbeit suchen müssen.« (World Vision 2010, S. 300) Dann fällt Hannes ein, dass es ganz in der Nähe von seinem Zuhause Kinder gibt, die immer draußen sind: »Wir haben hier auch inner Straße, da denken wir auch, dass die nich viel Geld haben. Die spielen auch immer alleine auf der Straße mit sich. Das sind einfach auch sieben Kinder und dann, ja, die gehen auch immer allein zur Schule und gehen zurück, egal wie weit es ist.« (Ebd.)

Auch die anderen Kinder, wenn sie etwas länger überlegen, haben Armut schon beobachten können. Interessant ist aber auch, dass neben den eher klischeehaften Vorstellungen über ganz reiche Menschen, Hannes und die anderen ein Verständnis dafür haben, dass arme Kinder nicht über das verfügen, was für sie selbst möglich ist. Noch einmal soll Hannes das erklären: »Die reichen Kinder, die haben Geld, können ins Maximax [eine Spielhalle] gehen. Oder können zum Fußball gehen und können das bezahlen. Oder zur Musikschule, da kostet ja ein Monat auch 40 Euro.« (Ebd.) Hannes selbst geht zur Musikschule und lernt Klavier und er macht viel Sport, er wohnt in einer

Großstadt in Sachsen-Anhalt, seine Mutter ist selbstständige Sporttrainerin und sein Vater arbeitet ebenfalls als Kampfsporttrainer. Die neunjährige Paula ist der Auffassung, dass sich durch Armut und Reichtum auch die Moral verändert, denn sie glaubt, Arme seien eher traurig, Reiche hingegen häufig geizig: »Die leihen nicht Sachen aus oder schenken einem was.« (World Vision 2010, S. 310)

Während also manche Kinder Armut und Reichtum zunächst fast immer als etwas diskutieren, wozu sie eher Distanz einnehmen, finden sich an anderen Stellen der Interviews dann doch persönliche Hinweise, dass beispielsweise Geldmangel oder die Angst, in eine unsichere Situation zu kommen und weniger Geld zu haben, eine Rolle spielen könnte, auch in ihrem eigenen Leben. Dies ist beispielsweise der Fall, wenn sie die Sorgen äußern, dass die Mutter den Job verliert oder sie selbst keinen guten Schulabschluss machen. Der zehnjährige Sebastian hat diese Befürchtung und möchte gerne die Realschule schaffen, wenngleich er nicht wirklich daran glaubt. Dafür ist er sich sicher, dass seine Mutter darauf aufpassen würde, dass er nie obdachlos wird: »Da passt schon die Mama drauf auf, gell, dass ich nicht auf der Straße wohn. Weil ich dann mein Haus verliere und meine Frau und alles, dann darf ich bestimmt hier einziehen.« (World Vision 2010, S. 319)

Sebastian hat sich auch überlegt, dass manche Kinder vielleicht deshalb arm sind, weil ihre Eltern nicht genügend gelernt haben in der Schule, und deshalb sei es für diese Kinder besonders wichtig, eine gute Arbeit zu finden. Sein Realismus paart sich mit Berufsvorstellungen, bei denen man vielleicht besonders jung reich werden kann: »Arbeiten. Man muss ne Arbeit finden, wo man richtig gut drin ist. Zum Beispiel Fußball. Da gibt es manche, die sind richtig gut. Die verdienen dann so 5 Millionen, 30, 300 noch was, 999 Millionen, und die sind richtig reich.« (Ebd.)

Insgesamt verfügen vermutlich die meisten Kinder in unserer Gesellschaft über ein bestimmtes Wissen über »Armut«, sie haben schon gesehen, dass Menschen auf der Straße betteln, und in den Interviews ist an vielen Punkten deutlich geworden, dass Armut bereits ein Thema in Gesprächen mit den Eltern, unter Freunden oder in der Schule war oder die Kinder die Thematik aus den Medien kennen. Was heißt das?

Insbesondere für unsere jüngeren Kinder in der World Vision Studie war das Thema trotz der Fotos mit Menschen in eher »armen« und eher »reichen« Lebenssituationen, die wir ihnen gezeigt haben, zunächst relativ abstrakt. Arme Menschen haben nichts, sie leiden Hunger und Durst und leben auf der Straße, während reiche Menschen sich alles kaufen können. Reiche Menschen sind schön, besitzen teure Dinge, können sich jeden Wunsch erfüllen, die Kinder spielen an einem Flügel schöne Musik und reiten auf einem schnellen Pferd. So sieht demnach auf den ersten Blick die Ordnung der Kinder aus.

Aber gerade die gemeinsame Behandlung von Armut und Reichtum hat die Kinder trotz der damit manchmal verbundenen Anstrengung offenbar angeregt, auch über Verantwortung und Gerechtigkeit, über Verteilung, über die Bedeutung von Bildung und über eigene Gefühle nachzudenken. Arm zu sein, übersetzen die Kinder in diesen Überlegungen dann nicht mehr nur mit materiellem Mangel. Josephine zum Beispiel ist zwar erst sieben Jahre alt, aber sie äußert einen Gedanken, der in der Sozialwissenschaft mit »sozialer Vererbung« bezeichnet wird. Josephine verleiht nämlich der Befürchtung Ausdruck, dass Kinder von armen Eltern selbst später auch wieder arm sein könnten. Die achtjährige Paula verbindet mit Armut auch, dass ein Kind kein Zuhause hat, kein »Dach über dem Kopf«, eine Metapher, die gerade Kinder in Armut häufig verwenden (Andresen/Fegter 2009). Hannes hingegen verlangt, dass reichere Menschen Verantwortung über-nehmen müssten und begründet dies mit der Geschichte von Robin Hood.

Wenn man dies so annimmt wie Hannes, dann haben Menschen die Pflicht, armen Menschen etwas abzugeben. Armut und Reichtum stellt sich aus Sicht der Kinder dem-nach aus dem Verhältnis von Rechten und Pflichten dar. Wenn es um die Artikulierung von Gefühlen geht, so scheint dies besser zu funktionieren, wenn über Armut gesprochen wird, Hannes macht der Gedanke an Armut beispielsweise »traurig«. Das Empfinden für Ungerechtig-keiten zeigt sich jedenfalls sehr deutlich in den Interviews mit den Sechs- bis Elfjährigen, auch wenn sie über keine direkte Erfahrung oder Anschauung verfügen.

Mit Hannes aus der zweiten World Vision Kinderstudie lässt sich abschließend auch eine Antwort auf die Frage was denn unsere Kinder glücklich macht geben. Hannes, stellvertretend für alle Kinder, soll deshalb das letzte Wort haben: »Weil jeder Mensch hat Recht auf keine Qualen.«

Literatur

Andresen, Sabine/Brumlik, Micha/Koch, Claus (Hrsg.) (2010): Das Elternbuch. Wie unsere Kinder geborgen aufwachsen und stark werden. 0 – 18. Weinheim. Beltz.

Andresen, Sabine/Fegter, Susann (2009): Spielräume sozial benachteiligter Kinder. Bepanthen Kinderarmutsstudie. Eine ethnographische Studie zu Kinderarmut in Hamburg und Berlin. Preliminary final report. Bielefeld.

Andresen, Sabine/Hurrelmann, Klaus (2010): Kindheit. Weinheim. Beltz.

Andresen, Ute (2010): Das Glück in der Schule hat eine Vorgeschichte. In: Sabine Andresen/Micha Brumlik/Claus Koch (Hrsg.): Das Elternbuch. Wie unsere Kinder geborgen aufwachsen und stark werden. 0-18. Weinheim, S. 279–295.

Ariés, Philippe (1975): Geschichte der Kindheit. München, Wien. Hanser.

Bánk, Zsuzsa (2011): Die hellen Tage. Frankfurt/M. Suhrkamp.

Benjamin, Walther (1991): Berliner Kindheit um 1900. In: ders.: Gesammelte Schriften. Band IV.1. Frankfurt/M. Suhrkamp.

Bernfeld, Siegfried (1925/1973): Sisyphos oder die Grenzen der Erziehung. Frankfurt/M. Suhrkamp.

Blum, Deborah (2010): Die Entdeckung der Mutterliebe. Die legendären Affenexperimente des Harry Harlow. Weinheim und Basel. Beltz.

Brazelton, T. Berry/Greenspan, Stanley I. (2008): Die sieben Grundbedürfnisse von Kindern. Was jedes Kind braucht, um gesund aufzuwachsen, gut zu lernen und glücklich zu sein. Weinheim und Basel. Beltz.

Brumlik, Micha (2002): Bildung und Glück. Versuch einer Theorie der Tugenden. Berlin/Wien.

Bucher, Anton (2009): Was Kinder glücklich macht? Eine glückspsychologische Studie des ZDF. In: Schächter, Markus (Hrsg.): Wunschlos glücklich? Konzepte und Rahmenbedingungen einer glücklichen Kindheit. Dokumentation des ZDF-Glückskongresses und Auswertung der Tabaluga tivi-Glücksstudie. Baden-Baden, S. 94–195.

Darwin, Charles (1875): Die Abstammung des Menschen und die geschlechtliche Zuchtwahl. In: Gesammelte Werke, aus dem Englischen übersetzt von J. V. Carus, 3. gänzl. umgearbeitete Auflage. Stuttgart.

De Beauvoir, Simone (1987): Memoiren einer Tochter aus gutem Hause. Reinbek HH. Rowohlt.

De Mause, Lloyd (2003): Hört ihr die Kinder weinen. 11. Aufl. Frankfurt/M. Suhrkamp.

Feuerbach, Anselm (1981): Badische Reihe 6. Kaspar Hauser. Beispiel eines Verbrechens am Seelenleben des Menschen. Waldkirch.

Finkelhor, David (2008): Childhood Victimization: Violence, Crime, and Abuse in the Lives of Young People. New York, NY: Oxford University Press; 2008.

Fox, Paula (1997/2005): In fremden Kleidern. Geschichte einer Jugend. München. dtv.

Garbarino, James (2008): Children and the Dark Side of Human Experience. Confronting Global Realities and Rethinking Child Development. New York. Springer.

Hagner, Michael (2010): Der Hauslehrer, die Geschichte eines Kriminalfalls. Frankfurt/M. Suhrkamp.

Hahn, Ulla (2003): Das verborgene Wort. München. dtv.

Janosch (1981): Oh, wie schön ist Panama. Weinheim und Basel. Beltz + Gelberg.

Korczak, Janusz (1906/1999): Kind des Salon. In: Sämtliche Werke. Bd. 1. Gütersloh, S. 357f.

Korczak, Janusz (1925/2000): Wenn ich wieder klein bin. In: Sämtliche Werke. Bd. 3. Gütersloh, S. 156

Leuzinger-Bohleber, Marianne/Läzer, Katrin Luise/Pfenning-Meerkötter, Nicole (2011): Frühprävention–Gesellschaftliche Notwendigkeit und Chance Forschung Frankfurt/M. 1/2011. http://www.forschung-frankfurt.uni-frankfurt.de/dok/2011/03Leuzinger.pdf

Leuzinger-Bohleber, Marianne (2009): Frühe Kindheit als Schicksal? Trauma, Embodiment, Soziale Desintegration. Psychoanalytische Perspektiven. Mit kinderanalytischen Fallberichten von Angelika Wolff und Rose Ahlheim. Stuttgart. Kohlhammer.

Lindgren, Astrid (1994): Guck mal, Madita, es schneit! Hamburg.

Louv, Richard (2011): Das letzte Kind im Wald. Geben wir unseren Kindern die Natur zurück. Mit einem Vorwort von Gerad Hüther. Weinheim. Beltz.

Milne, A.A. (1998): Pu der Bär. Hamburg.

Nussbaum, Martha C. (1999). Gerechtigkeit oder das gute Leben. Frankfurt/M. Suhrkamp.

Oswald, Hans (2008): Freundschaft als Kontext der Identitätsentwicklung. In: Baader, Maike Sophia; Bilstein, Johannes; Wulf,

Christoph (Hrsg.): Die Kultur der Freundschaft. Praxen und Semantiken in anthropologisch-pädagogischer Perspektive. Weinheim und Basel, S. 252–266.

Pressler, Mirjam (1995): Wenn das Glück kommt, muss man ihm einen Stuhl hinstellen. Weinheim und Basel.

Ridge, Tess (2002): Childhood Poverty and Social Exclusion. From a child's perspective. Bristol. The Policy Press.

Rousseau, J.-J. (1998): »Emile oder über die Erziehung«. Ditzingen: Reclam.

Schröder, Daniel/Picot, Sibylle/Andresen, Sabine (2010): Die qualitative Studie: 12 Portraits von Kinderpersönlichkeiten. In: World Vision : Kinder in Deutschland 2010, S. 223–240.

Shell Jugendstudie 15. Jugend (2006). Wissenschaftliche Leitung: Hurrelman, Klaus/ Albert, Mathias. Hamburg.

Slater, Lauren (2005): Von Menschen und Ratten. Die berühmten Experimente der Psychologie. Weinheim und Basel. Beltz.

Spitz, René (1946/2000): Angeboren oder erworben? Die Zwillinge Cathy and Rosy – eine Naturgeschichte der menschlichen Persönlichkeit und ihrer Entwicklung. Weinheim und Basel. Beltz.

Suess, Gerhard J. (2011): Missverständnisse über Bindungstheorie. WiFF Expertise Nr. 14. 29.08.2011

Tomasello, Michael (2002): Die kulturelle Entwicklung des menschlichen Denkens. Frankfurt/M. Suhrkamp.

Walper, Sabine. & Wendt, Eva-Verena (2010). Partnerschaften und die Beziehungen zu Eltern und Kindern: Eine Einführung. In S. Walper & E.-V. Wendt (Eds.), Partnerschaften und die Beziehungen zu Eltern und Kindern. Befunde zur Beziehungs- und Familienentwicklung in Deutschland. Würzburg. Ergon.

World Vision Deutschland e.V. (Hrsg.): Kinder in Deutschland 2007. 1. World Vision Kinderstudie. Frankfurt/M. Fischer.

World Vision Deutschland e.V. (Hrsg.): Kinder in Deutschland 2010. 2. World Vision Kinderstudie. Frankfurt/M. Fischer.